景德镇国家陶瓷文化传承与创新研究丛书

● 韩静 著

景德镇陶瓷出口贸易的历史变迁与竞争力研究

华中科技大学出版社
http://press.hust.edu.cn
中国·武汉

内容提要

本书主要围绕景德镇陶瓷出口竞争力的波动对景德镇陶瓷贸易展开系统性分析，从中梳理景德镇陶瓷的出口贸易历程及其演变规律，继而深入探究影响陶瓷贸易波动的成因，以期对景德镇陶瓷贸易发展及贸易立市的战略目标实施有所启迪。纵观景德镇陶瓷贸易发展史，与产品生命周期理论如出一辙，也经历着从初创到成长到成熟再到衰退的演变过程。技术垄断优势的逐渐丧失，以及平台市场、通关口岸、物流交通等基础设施的薄弱，都在一定程度上制约了景德镇区域品牌转化为产品吸引力、市场影响力、产业竞争力和现实生产力。因此，景德镇陶瓷企业应积极借助"一带一路"倡议、数字经济发展等政策东风，充分利用、协同各方优质资源，探索一条适合景德镇陶瓷产业可持续发展的贸易道路。

图书在版编目（CIP）数据

景德镇陶瓷出口贸易的历史变迁与竞争力研究/韩静著.—武汉：华中科技大学出版社，2023.12
（景德镇国家陶瓷文化传承与创新研究丛书）
ISBN 978-7-5772-0276-1

Ⅰ.①景… Ⅱ.①韩… Ⅲ.①陶瓷工业-对外贸易-研究-景德镇 Ⅳ.①F752.658.7

中国国家版本馆 CIP 数据核字（2023）第 236312 号

景德镇陶瓷出口贸易的历史变迁与竞争力研究 　　　　　　　　韩　静　著
Jingdezhen Taoci Chukou Maoyi de Lishi Bianqian yu Jingzhengli Yanjiu

---

策划编辑：王雅琪　汪　杭	责任编辑：胡弘扬　安　欣
封面设计：廖亚萍	责任校对：刘小雨
责任监印：周治超	

出版发行：华中科技大学出版社（中国•武汉）　　电话：(027)81321913
　　　　　武汉市东湖新技术开发区华工科技园　　邮编：430223
录　　排：华中科技大学惠友文印中心
印　　刷：武汉市洪林印务有限公司
开　　本：710mm×1000mm　1/16
印　　张：12
字　　数：200 千字
版　　次：2023 年 12 月第 1 版第 1 次印刷
定　　价：69.80 元

本书若有印装质量问题，请向出版社营销中心调换
全国免费服务热线：400-6679-118　　竭诚为您服务
版权所有　侵权必究

前言 FOREWORD

　　景德镇的历史地位来源于贸易输出。在长达1000多年的时间里,丝路古道上的驼队、郑和下西洋的船队,将景德镇瓷器及制瓷技艺传到亚洲、非洲、欧洲等地区。由最朴素的泥土烧制而成的瓷器,深受不同地区、不同文化人们的喜爱,甚至被称为"白色黄金"。大批身怀绝技的匠人也慕名而来,绘就了"匠从八方来,器成天下走"的繁荣景象。景德镇陶瓷,是中外文化交流的"使者",更是丝路精神的见证。至中华人民共和国成立后,景德镇瓷器依然是中国出口创汇的拳头产品。由此可以说,景德镇的辉煌史,本身就是一部贸易的繁荣史。

　　贸易是经济发展的"晴雨表",是衡量一个地区经济实力、开放程度、市场活力的重要指标。贸易发展对陶瓷产业的发展、产业竞争力的培育、产业结构的升级而言都具有不可替代的战略意义。当下,景德镇陶瓷产业的发展受限于贸易短板,贸易发展相对滞后,出口总量小、内贸增速低,平台市场、通关口岸、物流交通等基础设施薄弱,这在一定程度上制约了景德镇区域品牌转化为产品吸引力、市场影响力、产业竞争力和现实生产力。因此,研究景德镇陶瓷的出口贸易,不仅具有深厚的历史文化意义,也具有一定的现实意义。

　　进入新时代,景德镇再次迎来千载难逢的历史机遇。2019年8月,景德镇国家陶瓷文化传承创新试验区上升为国家战略,成为全国唯一的文化类试验区,拉开了"千年瓷都"重新迈向"国际瓷都"的历史大幕,也让景德镇陶瓷以前所未有的自信姿态走向未来。

　　景德镇陶瓷产业如何利用出口贸易的乘数效应,复兴千年古镇的辉煌是本书研究的重点。为此,本书重点研究了以下几个问题：第一，在中国众多窑口中，为什么曾经风靡一时的越窑、龙泉窑、长沙窑等窑址都淹没在历史的尘埃中，而偏居江南一隅的景德镇会脱颖而出，在明清时期的世界陶瓷贸易网络中占据绝对的主导地位？景德镇陶瓷的竞争优势根源是什么？第二，景德镇陶瓷出口变动趋势如何？为什么辉煌千年的"瓷都"景德镇，最后"已处于苦境"？第三，影响陶瓷出口变动的原因是什么？景德镇如何才能通过出口重现千年历史的辉煌？

基于上述研究问题，本书主要分四个部分对景德镇陶瓷出口贸易问题展开系统性分析。

第一部分是研究基础部分，主要体现在本书第二章，该部分首先对陶瓷的定义及其经济学特征进行详细的描述，然后从供给和需求两个角度，对陶瓷贸易相关理论进行回顾和归纳，并对国内外研究文献进行总结和评论，为后续章节研究提供理论基础。

第二部分是现实基础部分，主要体现在本书的第三章、第四章和第五章，该部分通过古籍史料、沉船考古发现、钻石模型、SWOT 分析、贸易竞争力指数等分析工具，对唐宋时期以来景德镇陶瓷出口历程展开描述性分析，并归纳总结景德镇陶瓷出口演变的规律，深入探究景德镇陶瓷"独领风骚"千年的根源，从而更好地对比分析景德镇陶瓷出口贸易竞争力的现状。研究发现，景德镇陶瓷能够在众多窑址中脱颖而出，主要归因于其日益形成的技术垄断竞争优势。景德镇瓷器外销全盛时期，正是景德镇制瓷业达到巅峰的时代，不仅在工艺水平和器物造型上是空前绝后的，还广采博收外来文化的精华，不拘一格，大胆创新，最终促使景德镇在制瓷方面获得垄断竞争优势。此外，景德镇陶瓷垄断竞争优势的形成也离不开政府强有力的政策支持。历经元代、明代、清代中期，景德镇的陶瓷产业一直位居主导产业之列，得到政府支持。特别是景德镇官窑，始终得到政府的强力扶持。纵观景德镇制瓷业的发展史，与产业生命周期理论如出一辙，经历着"只供同俗粗用"到"昌南镇瓷名天下"，再到"天下至精至美之瓷器莫不出于景德镇"，最后"已处于苦境"。从现有的出口数据看，景德镇陶瓷出口规模与佛山、潮州、德化等陶瓷出口强市(县)相比明显较低,如 2022 年景德镇陶瓷出口的 MS、RCA 竞争力指数分别为 0.1％和 7.2,远远低于佛山的 4.68％和 14。从供给角度看,景德镇陶瓷企业主体虽然不少,但主要以小微陶瓷企业为主,企业生产规模普遍偏小,规模化生产效应不足,产品核心竞争优势不显。从需求角度看,景德镇的区域品牌知名程度虽较高,但陶瓷企业品牌与国内外知名陶瓷企业品牌相比,仍存在不小的差距,消费者对景德镇陶瓷的认可程度并不高。

第三部分是实证分析部分,主要体现在本书的第六章和第七章,该部分通过理论推导和一系列的实证检验,试图打开陶瓷出口规模波动的"黑匣子",探索影响陶瓷出口波动的决定性因素。研究结果显示,出口产品是否集中在需求快速增长的市场,出口产品是否在国外市场形成强有力的竞争优势,以及全球陶瓷贸易形势等都是影响陶瓷出口规模变动的主要因素。当前,影响陶瓷出口波动的主要因素是出口结构效应,竞争力效应虽在一定程度上促进我国陶瓷出口额的增加,但与结构效应相比,绝对值仍相对有限。不论是结构效应,还是竞争力效应,最近几年均出现增长乏力的情况。从出口区域来看,我国陶瓷在亚洲市场的出口变动幅度最大,其次是美洲市场和欧洲市场,大洋洲和非洲市场的出口变动幅度较小。从变动的原因来看,在亚洲、欧洲和美洲市场,陶瓷出口贸易波动主要归因于结构效应;而在大洋洲和非洲市场,结构效应和竞争力效应的拉动作用大致相当。从结构效应的绝对值来看,亚洲市场的结构效应绝对值最高,其次是美洲地区,非洲地区最低。由此可见,大洋洲和非洲市场的陶瓷进口需求相对较小,增速较慢,而欧洲、美洲和亚洲的陶瓷市场仍具有较高的市场潜力,尤其是亚洲市场,未来仍是我国陶瓷出口的主要目标市场。鉴于此,景德镇陶瓷需重点开发亚洲、美洲、欧洲市场,明确重点市场,挖掘潜在市场,着重引导消费者对景德镇陶瓷形成较为固定的消费偏好。从影响因素来看,经济规模、产业规模、地理距离、文化距离、产品出口质量、知识产权保护强度、贸易开放度等因素均会影响我国陶瓷出口规模,其中经济规模、产业规模的影响较大。

第四部分是结论与展望,主要体现在本书第八章,此部分在对全书研究内容与成果观点进行归纳总结的基础上,探索景德镇陶瓷贸易的发展路径,并提出相应的政策建议。景德镇陶瓷企业需要认识到出口贸易的重要性,了解到国内和国际的陶瓷需求差异,深入挖掘不同地域客户的消费偏好和真实需求,研发适销对路的陶瓷产品,注重企业品牌建设,优化产品的核心竞争力。同时,陶瓷企业也要积极借助"一带一路"倡议、数字经济发展、景德镇国家陶瓷文化传承创新试验区建设、国家文化出口基地、跨境电子商务综合试验区、市场采购贸易方式试点等政策东风,加快构建以国内大循环为主体、国内国际双循环相互促进的新发展格局,充分利用、协同各方优质资源,结合景德镇千年制瓷的历史优势,探索一条适合景德镇陶瓷产业可持续发展的贸易道路。

党的二十大报告明确要求"推动货物贸易优化升级,创新服务贸易发展机制,发展数字贸易,加快建设贸易强国"。景德镇作为文化重镇,历史上的工业重镇、贸易重镇,不论是过去还是当下或是未来,贸易繁荣都至关重要。

景德镇的未来发展离不开贸易兴市。回望过去,贸易成就了景德镇的辉煌历史;展望未来,贸易兴市是"要建好景德镇国家陶瓷文化传承创新试验区,打造对外文化交流新平台"的题中之义,是落实新时期景德镇"五新"战略行动的重要保障,是全面建设社会主义现代化"国际瓷都"的重要拼图。为此,景德镇必须大力补齐贸易短板、强化贸易支撑,深度融入新发展格局和全国统一大市场,系统构筑文化立市、工业强市、贸易兴市"三大支柱",再创"匠从八方来,器成天下走"的繁荣景象。

任重而道远,唯有砥砺前行。

韩 静

2023 年 10 月

目录 CONTENTS

第一章　绪论　1
第一节　研究背景及问题　1
第二节　研究内容及方法　3
第三节　创新点和存在的不足　6

第二章　陶瓷贸易相关理论和文献综述　8
第一节　陶瓷产品　8
第二节　陶瓷贸易相关理论　11
第三节　国内外研究现状及综述　18

第三章　景德镇陶瓷出口贸易的历史变迁　30
第一节　一个景德镇，半部陶瓷史　30
第二节　景德镇陶瓷出口贸易历程——基于沉船考古的发现　44
第三节　景德镇陶瓷出口贸易的演变规律　65

第四章　景德镇陶瓷竞争优势的形成及构成要素　77
第一节　景德镇陶瓷竞争优势的形成　77
第二节　景德镇陶瓷出口竞争优势的构成因素——基于钻石模型的分解　80

第五章　景德镇陶瓷贸易现状与出口竞争力测度比较　102
第一节　景德镇陶瓷生产近况　102
第二节　景德镇陶瓷出口贸易现状　112

第三节 景德镇陶瓷出口竞争力测量 116

第四节 景德镇陶瓷出口贸易存在的主要问题 120

第六章 陶瓷出口波动成因的实证分析：基于CMS模型的应用 124

第一节 CMS模型与数据 124

第二节 CMS模型分解结果 130

第三节 陶瓷出口波动成因的特征 138

第七章 陶瓷出口贸易决定因素：基于贸易引力模型的应用 141

第一节 选取模型框架 141

第二节 静态面板数据模型实证分析 147

第八章 结论、展望与建议 151

第一节 主要结论 151

第二节 未来展望 154

参考文献 168

后记 181

第一章 绪 论

第一节 研究背景及问题

一、选题背景

（一）基于贯彻落实党的二十大精神的需要

习近平总书记在党的二十大报告中提出"建设现代化产业体系"的战略任务，并作了相关部署。同实现高质量发展的要求相比，我国产业体系现代化水平还不够高。习近平总书记要求，在重点领域提前布局，全面提升产业体系现代化水平，既巩固传统优势产业领先地位，又创造新的竞争优势，强调要抓住全球产业结构和布局调整过程中孕育的新机遇，勇于开辟新领域、制胜新赛道；加快数字化转型，推广先进适用技术，着力提升高端化、智能化、绿色化水平；加快新能源、人工智能、生物制造、绿色低碳、量子计算等前沿技术研发和应用推广，支持专精特新企业发展；大力发展数字经济，提升常态化监管水平，支持平台企业在引领发展、创造就业、国际竞争中大显身手。

陶瓷是我国古代灿烂文明的象征，是中国古代领先世界的三大民族工业之一。景德镇以陶瓷立市、以陶瓷兴市、以陶瓷荣市，是唯一一个因陶瓷而繁荣千年的城市，是中国走向世界，世界认识中国的文化符号。当前，景德镇仍然保存着古代特大规模、相当完整复杂的陶瓷产业体系，这个体系高度浓缩了中华民族千余年的历史和传奇、文化与秉性、产业与文明,这不仅在中国是独一无二的,在世界也是凤毛麟角的。因此,传承千年文化,推动景德镇陶瓷产业全面提升现代化水平,是当前景德镇需要着重思考的问题之一。

(二)基于景德镇国家陶瓷文化传承创新试验区发展的需要

2015年,习近平总书记先后两次对景德镇御窑厂遗址保护工作做出重要指示。为了更好地贯彻习近平总书记的重要指示,保护好、传承好、利用好景德镇陶瓷文化,江西省将大力支持景德镇创建陶瓷文化传承创新示范区写入了2018年的政府工作报告。2019年,江西省政府将试验区实施方案上报国务院;同年8月26日,《景德镇国家陶瓷文化传承创新试验区实施方案》由国务院正式批复。其中,试验区建设的重要任务之一就是推动陶瓷产品对外贸易。

景德镇陶瓷之所以能成为世界认识中国的文化符号,主要依赖于出口。出口让景德镇陶瓷走出国门,走向世界,让世界各国知道了陶瓷的魅力,提升了世界各国与中国的文化交融和经济交流。当前,景德镇在承载建设国家陶瓷文化传承创新试验区的时代使命契机下,应当进一步做大、做强、做优陶瓷产业,释放陶瓷出口贸易的巨大潜能,重现千年瓷都的光辉。

二、研究问题

景德镇,在一定时期代表了我国制瓷产业较顶尖的生产技艺和技术水准,引领着世界陶瓷产业发展长达千年之久。在中国众多窑口中,为什么偏居江南一隅的景德镇会脱颖而出,成为举世瞩目的"千年瓷都",并在明清时期的世界陶瓷贸易中占据主导地位?为何曾经风靡一时的景德镇,在当代陶瓷贸易发展中的影响力却逐渐下降,甚至不如一些新兴陶瓷产区?影响景德镇陶瓷出口贸易量和贸易流向的主要因素有哪些?在数字贸易、国家陶瓷文化传承创新试验区等的机遇下,景德镇陶瓷产业如何重拾传统优势,创造新的竞争优势?这些问题都有待理论和实证检验,同时也都是当前景德镇陶瓷产业发展面临的重大现实问题。

第二节 研究内容及方法

一、研究内容和框架

本书研究的基本思路是将景德镇陶瓷出口竞争力这一问题从不同维度拆解并展开分析,最终实现对本书研究问题的解答。具体而言,本书将根据图1-1来安排和组织全书的研究。首先提出问题,然后梳理相关理论和文献,接下来对问题进行初步分析,并在此基础上将问题进一步深化。在分析和深化问题的过程中,从多维度、多层次、多角度对相关问题展开理论讨论和实证检验。

基于上述思路,本书将分为八章进行详细讨论,具体如下。

第一章,绪论。首先,从当前景德镇陶瓷产业发展背景出发,引出本书所要研究的主题。其次,对本书的逻辑结构、行文思路、研究内容及方法进行安排。最后,对本书可能存在的创新点和不足进行说明。

第二章,陶瓷贸易相关理论和文献综述。本章是全书研究的基础,首先对陶瓷产品的定义及其经济学特征进行详细描述。然后,从供给和需求两个角度,对陶瓷贸易相关理论进行归纳和回顾,并对国内外研究文献进行总结和评论,为后续章节研究奠定理论基础。

第三章,景德镇陶瓷出口贸易的历史变迁。本章通过古籍史料、沉船考古发现等视角,对唐、宋、元、明、清等时期景德镇陶瓷出口历程展开描述性分析,并对景德镇陶瓷贸易演变规律展开动态分析,为后续章节研究的展开奠定历史发展背景,增强本书研究的整体性。

第四章,景德镇陶瓷竞争优势的形成及构成要素。本章应用迈克尔·波特(Michael Porter)的钻石模型,对景德镇陶瓷出口的竞争优势展开全面、系统的研究,以深入探究历史上景德镇陶瓷独领风骚近千年的原因。

第五章,景德镇陶瓷贸易现状与出口竞争力测度比较。本章主要针对景德镇陶瓷生产现状、贸易现状,以及在国际市场上的静态和动态竞争力展开详细分析。

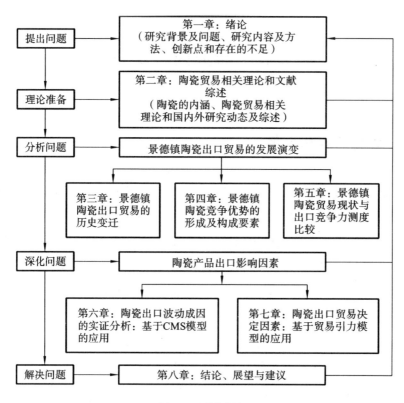

图 1-1 研究框架

在陶瓷生产全球化的背景下,竞争力的强弱主要取决于比较优势,而获取更高竞争力的关键在于针对主要竞争对手提高比较优势。本章旨在为后续章节研究提供现实基础。

第六章,陶瓷出口波动成因的实证分析:基于 CMS 模型的应用。根据 CMS 模型,陶瓷出口贸易的变动主要受贸易结构、贸易景气、竞争力,以及三者之间交互作用的影响。本章主要基于恒定市场份额(CMS)模型对影响陶瓷出口变动的成因展开探索,从时间维度上揭示贸易结构、贸易景气、竞争力三因素在影响方向和程度上的变化轨迹。

第七章,陶瓷出口贸易决定因素:基于贸易引力模型的应用。本章主要基于古典经济学的生产、流通、消费相关理论,从供给、流通、需求三个阶段全面系统分析陶瓷出口贸易的影响因素,并通过贸易引力模型对陶瓷出口贸易决定因素及贸易潜力展开实证分析。

第八章,结论、展望与建议。在对全书研究内容与成果进行归纳总结的基础上,探索景德镇陶瓷贸易的发展路径,并提出相应的政策建议。

二、研究方法

(一)历史唯物主义和辩证唯物主义相结合

历史唯物主义认为,历史发展是有其特定规律的,要求看问题、做事情要理解过去、现在和未来的关系;而辩证唯物主义则是从横向角度出发,要求看问题、做事情要联系两面性。马克思在《资本论》中运用了辩证唯物主义和历史唯物主义来研究资本主义方方面面的问题,该方法对景德镇陶瓷出口贸易问题研究同样有借鉴意义。根据历史唯物主义方法论,本书从唐宋时期至中华人民共和国成立后景德镇陶瓷贸易演变历程着手,发现景德镇陶瓷出口历史的必然性;根据辩证唯物主义方法论,本书从产品出口竞争力测度横向对比分析,观察影响景德镇陶瓷出口演变的成因。

(二)规范研究与实证研究相结合

研究问题的根本在于分析事物发展的规律性,面对这种本质规律的探究必须由浅入深,循序渐进。规范分析要解决"应该是什么"的问题,即说明经济现象的社会意义;实证分析要解决"是什么"的问题,即确认事实本身,研究经济现象即某一选择的客观规律与内在逻辑。本书坚持规范研究与实证研究相结合,一方面保证理论逻辑的严谨性,另一方面保证结论的准确性和可靠性。

(三)逻辑归纳与演绎推理相结合

任何事物的发展都具有时间和空间的延续性。逻辑归纳反映了事物在时间维度上的延续性,而演绎推理则是事物在空间维度上的延续性。本书通过文献解读与逻辑归纳完成了第二章的陶瓷贸易相关理论与国内外研究动态的述评,并从中理清研究思路和重点。利用演绎推理法对理论分析框架进行构建,形成实证分析基础。

第三节　创新点和存在的不足

一、创新点

在研究对象上,本书讨论的是景德镇陶瓷出口贸易,而这正是当前景德镇国家陶瓷文化传承创新试验区建设的一个重点任务。作为拉动经济增长"三驾马车"之一的出口,其在产业发展、产业竞争力培育、产业结构转型升级方面均具有不可替代的战略意义。景德镇如何才能充分有效地发挥出口贸易的乘数效应,复兴千年古镇的辉煌?基于此,本书对景德镇陶瓷出口贸易问题展开系统的经济学研究,探究陶瓷出口的"符码"。

在研究视角上,已有的景德镇陶瓷贸易文献大多针对当前陶瓷贸易发展的制度环境和市场环境展开,很少有学者去梳理景德镇陶瓷出口贸易历程及其演变规律,探究影响陶瓷贸易波动的成因。因此,本书在延伸研究深度的同时,也在一定程度上拓宽了研究的广度。

在研究指标上,本书选择沉船考古发现、钻石模型、贸易竞争力测度比较等对景德镇陶瓷出口竞争力展开系统研究,并将景德镇与佛山、潮州、德化等陶瓷出口强市(县)的出口数据展开比较分析。

在研究方法上,本书在研究景德镇陶瓷产品出口特征、成因及竞争力时,均采用了时间序列方法和对比分析方法对其演变规律进行了横纵向分析。在全书的谋篇布局及各个章节研究的逻辑连贯方面采用了定性分析方法,同时还将恒定市场份额模型、贸易引力模型等前沿贸易分析方法纳入实证过程,力求得出的结论准确且可靠。

二、存在的不足

由于受到理论、资料和视角所限,本书研究工作的不足之处主要体现在以下四个方面:一是,本书从演变规律、宏观因素、微观因素、竞争力等方面对景德镇陶瓷出口展开研究,但这些层次之间的逻辑关系不够严谨,并没有像主流经济学研究范式那样,将其放置于统一的框架或范式之中予以系统研究;二是,陶瓷产品兼具产品和文化双重属性,本书的研究主要采用经济学分析方法分析陶瓷产品的产品属性,并未过多强调陶瓷产品的文化属性;三是,缺乏数理模型,本书没有构建数理模型,并在此基础上提出理论假设,而是直接展开实证分析,这在一定程度上制约了对景德镇陶瓷产品出口贸易的深入研究;四是,景德镇陶瓷出口数据不具备连续性,且统计口径差异较大,为实证研究带来了一定的难度。考虑到数据的可获得性,本书的实证研究不得不以中国陶瓷贸易出口的整体数据为依据,意欲找到影响我国陶瓷出口贸易波动的共性因素,借此对景德镇陶瓷出口规模预判和出口国别选择提供借鉴与参考。

第二章 陶瓷贸易相关理论和文献综述

第一节 陶瓷产品

一、陶瓷产品的内涵

陶瓷是以天然黏土及各种天然矿物为主要原料经过粉碎、混炼、成型和煅烧制得的各种物品。陶瓷是陶器和瓷器的总称,由粗糙的土器到精细的陶器和瓷器都属于它的范围。陶器和瓷器存在很大差别:一方面,两者所使用的原料不同,陶器主要是用陶土烧制而成的,而瓷器则是用瓷土烧制而成的;另一方面,两者烧制成型所需的温度不同,陶器的烧制温度是900 ℃左右,而瓷器则需要1400 ℃左右。由于原料不同、烧制的温度不同,陶器和瓷器的坚硬度、透明度均有不同。在中国,知名的陶瓷产区有景德镇、潮州、佛山、晋江、唐山、淄博、醴陵、宜兴。

按用途分,陶瓷可以分为日用陶瓷、建筑陶瓷、卫生陶瓷、艺术陈设陶瓷和先进陶瓷五大类,其详细分类的中国陶瓷制品海关 HS 编码如表 2-1 所示。

表 2-1 中国陶瓷制品海关 HS 码

类型	HS 编码（前四位）	HS 编码	产品名称
建筑陶瓷	6901	6901000000	硅质化石粉或类似硅土制的砖、瓦
	6902	6902100000	镁,钙,铬含量>50%的耐火砖及类似品
		6902200000	铝,硅含量>50%的耐火砖及类似品
		6902900000	其他耐火砖及耐火陶瓷建材制品

续表

类型	HS编码 (前四位)	HS编码	产品名称
建筑陶瓷	6903	6903100000	石墨含量＞50%的其他耐火陶瓷制品
		6903200000	氧化铝含量＞50%的其他耐火陶瓷制品
		6903900000	其他耐火陶瓷制品
	6904	6904100000	陶瓷制建筑用砖
		6904900000	陶瓷制铺地砖、支撑或填充用砖
	6905	6905100000	陶瓷制屋顶瓦
		6905900000	其他建筑用陶瓷制品
	6906	6906000000	陶瓷套管,导管,槽管及管子配件
	6907	6907211000	不论是否矩形,其最大表面积以可置入边长小于7厘米的方格的贴面砖、铺面砖,包括炉面砖及墙面砖,但子目6907.30和6907.40所列商品除外(按重量计吸水率不超过0.5%)
		6907219000	其他贴面砖、铺面砖,包括炉面砖及墙面砖,但子目录6907.30和6907.40所列商品除外(按重量计吸水率不超过0.5%)
		6907221000	不论是否矩形,其最大表面积以可置入边长小于7厘米的方格的贴面砖、铺面砖,包括炉面砖及墙面砖,但子目6907.30和6907.40所列商品除外(按重量计吸水率超过0.5%,但不超过10%)
		6907229000	其他贴面砖、铺面砖,包括炉面砖及墙面砖,但子目录6907.30和6907.40所列商品除外(按重量计吸水率超过0.5%,但不超过10%)
		6907231000	不论是否矩形,其最大表面积以可置入边长小于7厘米的方格的贴面砖、铺面砖,包括炉面砖及墙面砖,但子目6907.30和6907.40所列商品除外(按重量计吸水率超过10%)
		6907239000	其他贴面砖、铺面砖,包括炉面砖及墙面砖,但子目录6907.30和6907.40所列商品除外(按重量计吸水率超过10%)

续表

类型	HS 编码（前四位）	HS 编码	产品名称
建筑陶瓷	6907	6907301000	不论是否矩形，其最大表面积以可置入边长小于7厘米的方格的镶嵌砖及其类似品，但子目6907.40的货品除外
		6907309000	其他镶嵌砖及其类似品，但子目6907.40的货品除外
		6907401000	不论是否矩形，其最大表面积以可置入边长小于7厘米的方格的饰面陶瓷
		6907409000	其他饰面陶瓷
卫生陶瓷	6910	6910100000	瓷制脸盆、浴缸及类似卫生器具
		6910900000	陶制脸盆、浴缸及类似卫生器具
日用陶瓷	6911	6911101100	骨瓷餐具
		6911101900	其他瓷餐具
		6911102100	瓷厨房刀具
		6911102900	其他瓷厨房器具
		6911900000	其他家用或盥洗用瓷器
	6912	6912001000	陶餐具
		6912009000	陶制厨房器具
先进陶瓷	6909	6909110000	实验室、化学或其他技术用瓷器
		6909120000	摩氏硬度≥9的技术用陶瓷器
		6909190000	其他实验室、化学用陶瓷器
		6909900000	农业、运输或盛装货物用陶瓷容器
艺术陈设陶瓷	6913	6913100000	瓷塑像及其他装饰用瓷制品
		6913900000	陶塑像及其他装饰用陶制品
	6914	6914100000	其他瓷制品
		6914900000	其他陶制品

（资料来源：依据中华人民共和国海关总署HS编码自行整理所得。）

二、陶瓷产品的经济学特征

陶瓷产业作为中国有着悠久历史的传统产业,在产业升级过程中,仍处于由传统手工业向现代工业过渡,传统文化融合现代文化创意元素,传统手工业、现代工业、文化创意产业属性混搭的模糊状态。

在供给侧,传统的手工作坊与工业化生产瓷厂并存。传统手工制瓷业秉承匠人精神手工传承技艺,小规模制造蕴含着创作者的巧思与情怀的非标准产品。在此背景下,陶瓷产品同时兼具传统手工产品与文创产品特征。而工业化生产瓷厂,通过规模化生产陶瓷的标准品。此时,陶瓷产品更多包含的是产品的工业属性。在需求端,消费者感知的陶瓷产品具备文创产品属性,其购买行为受产品的功能价值和观念价值的双重影响。

在产业结构上,陶瓷产品存在个性化与规模化的对立。一方面,传统手工作坊构成产业主体,产品附加值高,但难以规模化;另一方面,工业化生产瓷厂具备规模化生产能力,但又面临产品个性化不足的困扰。同时,在全国范围内比较,规模化生产能力尚有提升空间。

第二节 陶瓷贸易相关理论

一、供给视角下贸易理论与陶瓷贸易

(一)传统贸易理论

传统贸易理论中具有代表性的是李嘉图(Ricardo)的比较优势贸易理论及赫克歇尔(Heckscher)和俄林(Ohlin)的要素禀赋理论。比较优势理论提出,贸易双方在生产商品时生产技术不同,导致劳动生产率存在相对差异,进而引起生产成本的差异。因此,各国应发挥相对有利的生产条件进行专业化生产,生产和出口具有比较优势的产品,进口比较劣势的产品。但是在现实中,劳动生产率的差异只能揭示部分商品贸易产生的原因,因此从生产要素禀赋的差异来分析国际贸易的成因成为国际经济学中较具有影响力的理论之一。要素禀赋理论指出,各国的比较优势主要产生于资源禀赋和生产技术之间的相互作用。各国应该按照生产要素的稀缺程度来进行生产,发挥本国生产要素的比较优势,生产出具有价格竞争力的产品①。

陶瓷贸易的产生,尤其是瓷器贸易,在某种程度上就是资源禀赋和生产技术之间的相互作用。众所周知,陶器是石器时代的产物,世界各地都有陶器的文化遗址,然而并非所有产陶区都能生产瓷器。陶器向瓷器转变需要经过漫长而复杂的技术演变,至今为止中国是世界上第一个完成这些技术演变的国家,因而拥有悠久的陶瓷外销历史。传统贸易理论从相对劳动生产率和要素禀赋的差别方面分析了不同经济发展水平之间的产业间陶瓷贸易,但劳动生产率和要素禀赋差异很小,经济发展水平相近的产业内陶瓷贸易的解释力很弱。

(二)规模经济理论

1987年保罗·克鲁格曼(Paul R. Krugman)将规模经济抽象出来作为国际贸易产生的决定因素,标志着传统贸易理论向新贸易理论转变。规模经济是指在一定的产量范围内,随着产量的增加,平均成本不断降低。规模经济的存在打破了传统贸易理论中规模报酬不变的假设。自此,国际贸易形成了两种不同的国际分工渠道:一种是要素禀赋理论所揭示的,由于资源或技术的差异而展开国际分工,如清代中期以前的中国陶瓷贸易;另一种是规模经济所引致的相对比较优势而展开的国际分工,如当代的中国陶瓷贸易。前者更有效地揭示了产业内贸易现象,而后者解释了自20世纪60年代以来呈现的产业内的贸易现象。

由于存在规模经济,厂商会通过扩大生产规模来获得成本优势,而这种成本优势可以通过内部规模经济或外部规模经济获得。内部规模经济是指由于企业生产规模的扩大,产量增加,分摊到单位成本上的固定成本越来越少,平均成本不断下降。外部规模经济是指由于行业内企业数量增加,整个行业规模扩大,企业

---

① 田子方.中国文化产品出口贸易研究[M].北京:经济科学出版社,2021.

的集聚效应降低了市场的交易费用,整个行业的平均成本下降。从现实情况看,陶瓷贸易中也存在着内部规模经济和外部规模经济。

(三) 产业内贸易理论

产业内贸易是指各国同一产业部门间进行的以生产专业化为基础的产品交换行为。自20世纪60年代以来,国际贸易的主流是生产要素比例相近、经济发展水平相当的国家进行的产业内双向贸易。针对这一现象,1975年,格鲁贝尔(Grubel)和劳埃德(Lloyd)从不完全竞争、产品差异化和规模经济入手,系统提出产业内贸易理论,为同质产品和异质产品的产业内贸易提供了理论基础。此后,学者们在20世纪70年代末至20世纪80年代初提出了各种产业内贸易的理论模型,如新张伯伦模型、兰卡斯特模型、布兰德模型、克鲁格曼模型等,对该理论做了进一步的丰富和发展。该理论突破了传统贸易理论的一些假定,如完全竞争的市场结构、规模收益不变等[①]。

产品异质性是产业内贸易的理论基石。格鲁贝尔(Grubel)和劳埃德(Lloyd)指出,异质性产品是指同类产品,但在实物形态上存在差异,如质量、性能、规格、商标、牌号、设计、款式等不同,甚至某一种产品在其中某一方面存在细微差别。从消费者偏好来看,消费者有多样化的偏好,即相较于消费一种商品,消费者更倾向于消费多样化产品。产品的异质性正好可以满足不同国家、不同层次、不同偏好的消费者需求。而陶瓷产品正是如此,即便是同一款白瓷,在不同的产地由于烧制工艺和原料选择的不同也会产生不同的风格,如德化白瓷胎骨细柔坚致,胎釉质感美妙,色泽温润明亮,形体晶莹剔透,凝脂似玉,有"象牙白""猪油白""鹅绒白"等美称;而景德镇的白瓷由于瓷胎含铁量高,烧制后呈现的不是纯粹的白,而是青白色,有白如玉的美称。此外,不同产区的陶瓷,其制造工艺和设计理念也存在较大差异,所呈现出的陶瓷产品也各不相同。陶瓷产品的异质性正是陶瓷产业内贸易发生的主要原因。

---

① 陆雄文.管理学大辞典[M].上海:上海辞书出版社,2013.

（四）企业异质性理论

传统贸易理论,以及新贸易理论都在给定代表性同质化企业的简单理想假定基础上进行延伸分析,但现实情况是,企业之间存在显著的生产率差异、资本密集度差异及技能差异(Yeaple,2005),这些异质性最终导致各企业之间的劳动生产率存在显著差异。Melitz(2003)指出,由于存在固定贸易成本,并不是所有企业都能进入国际市场。在多样化的消费偏好、规模报酬递增、垄断竞争的市场结构等假设条件下,企业通过自我选择效应来实现产业内的进化,出口只发生在少数劳动生产率较高的企业之中。

出口企业在多方面不同于非出口企业。自20世纪90年代中期以来,对基于企业层面的大量生产和贸易数据的微观经验研究发现,出口企业与非出口企业大不相同,较之后者,前者表现出生产规模更大、生产率和工资水平更高、技术和资本更为密集等各种显著特征。Bernard和Jensen(2003)通过美国样本最早开始对该问题进行经验分析。此后,Helpman、Melitz和Yeaple(2004),以及Bernard等(2003)对美国企业进行了考察,发现1992年美国所有制造企业中,企业规模的标准偏差是1.67,劳动生产率的标准偏差是0.75。HMY(2004)指出美国较大的1996家企业中出口企业比非出口企业的劳动生产率高出39%。上述这些产业内各企业间生产规模、生产率等各方面特征的显著差异被称为企业的异质性。Wagner(2007)则认为,从实证的角度看,除了生产规模和生产率有差异之外,企业的异质性还体现在企业历史、人力资本、资本密集度、所有权等各个方面[①]。

从景德镇陶瓷产业来看,从事陶瓷生产的企业有六七千家,但不是所有的陶瓷生产企业都涉足出口贸易,只有不到1%的企业涉及陶瓷产品出口及转口贸易事宜。与非陶瓷出口企业相比,陶瓷出口企业的生产规模普遍更大,自动化率、劳动生产率普遍更高,具有明显的技术和资本特征。

---

① 赵永亮,朱英杰.企业异质性、贸易理论与经验研究:综述[J].经济学家,2011(9).

二、需求视角下的贸易理论与陶瓷贸易

(一) 需求相似理论

1961年,林德(Linder)从需求的角度探究了工业制成品的产业内贸易,指出两个国家人均收入水平越接近,消费者的需求结构越相似,两国的贸易量越大。林德认为国际贸易是国内贸易的延伸,产品的出口结构、流向及贸易量的大小取决于本国的需求偏好,而一国的需求偏好又取决于该国的平均收入水平。高收入国家对技术水平高、加工程度深、价值较大的高档商品的需求较大,而低收入国家则以低档商品的消费为主。所以,收入水平可以作为衡量两国需求结构或偏好相似程度的指标。平均收入水平越高,对消费的质和量的需求都会提高;平均收入水平越高,对先进的资本设备需求越高。因此,两国人均收入相同,需求偏好相似,两国间贸易范围可能较大。但如果人均收入水平相差较大,需求偏好差异较大,两国贸易发展则会存在障碍。

需求偏好理论强调一国人均收入的变动会导致消费者需求结构的变动,从而引起国际贸易的波动。随着收入水平的提高,工业制成品,特别是奢侈品贸易的占比将越来越大。但是,现实经济是一个复杂的系统,各国收入水平不一定能真实反映需求偏好,决定需求偏好的因素也多种多样。即使贸易伙伴国具有相同的收入水平和需求偏好,在开放市场经济条件下,由于要素、技术禀赋和生产工艺不同所导致的商品与服务的相对价格差异,以及政府对贸易的管制和区域贸易协定,都会导致贸易结构偏离需求偏好相似理论。

陶瓷是艺术与科学的结晶,每一件陶瓷作品都是由陶瓷材质、造型和装饰三个基本要素有机统一组成的整体,具有物质和精神双重特征,是功能性和审美性的有机统一。随着人均收入和生活水平的提高,人们对陶瓷的要求也在满足功能性要求的同时,越来越多地关注陶瓷的艺术表现形式,希望在使用陶瓷产品的同时能被其触动而产生精神上的共鸣。

(二) 恩格尔法则

19 世纪德国统计学家恩格尔根据统计资料,针对消费结构的变化总结出一个规律:一个家庭的收入越少,家庭收入(或总支出)中用来购买食物的支出所占比例就越大,随着家庭收入的增加,家庭收入(或总支出)中用来购买食物的支出份额则会下降。推而广之,可以得出以下论断,即随着人均收入水平的提高,需求收入弹性较高的商品支出占家庭总支出的比重将提高,而需求收入弹性较低的商品支出占比会下降。由于陶瓷产品属于需求收入弹性较高的商品,因此随着人均收入水平的提高,消费者对陶瓷产品的需求量也会随之增加。

(三) 竞争优势理论

传统的贸易理论基本上是静态的理论体系,缺乏动态视角分析各国资源禀赋和比较优势。为了克服传统国际贸易理论的缺陷,一些经济学家开始在 H-O 理论的框架之外寻求新的贸易理论和贸易政策选择,在这方面较有影响力的理论是国家竞争优势理论。

波特(Porter)认为,一国的贸易优势并不像传统国际贸易理论宣称的那样,简单地取决于一国的自然资源、劳动力、利率、汇率,而是在很大程度上取决于一国的产业创新和升级能力。由于当代国际竞争更多地依赖知识的创造和吸收,竞争优势的形成和发展已经日益超出单个企业或行业的范围,成为一个经济体内部各种因素综合作用的结果,一国的价值观、文化、经济结构和历史都成为竞争优势产生的来源。因此,国家竞争优势的形成主要取决于生产要素,需求条件,支持性产业及其相关产业,企业的组织、战略和竞争四个决定性因素,以及政府和机遇这两个辅助条件。国家竞争优势理论强调一国在整合产业要素的基础上可以创造出比较优势,也可以将这种比较优势转变为动态竞争优势。

国家竞争优势理论主要从三个角度阐述需求对一国出口竞争力的影响。一是需求相似性,本国和国际市场的需求相似性越高,就越有利于该国生产具有代表性需求的产品,从而形成本国的竞争优势;二是国内市场需求规模,一国的需求规模越大,就越有利于该国通过规模生产形成成本优势,提高出口竞争力;三是国内市场需求向国际市场需求转换的能力,国内消费者对高质量产品的需求会倒逼生产者进行技术创新和升级,从而形成技术优势。对陶瓷产品出口而言,消费者认同、规模生产、技术创新等都是影响其出口贸易的决定性因素。

三、相关理论的简要述评

综上所述,从传统贸易理论到新贸易理论再到新新贸易理论,从产业间贸易到产业内贸易再到产品内分工,学者们无一不在探讨一国贸易增长的驱动力及其决定因素。

大部分学者从供给端出发,认为劳动生产率或者资源禀赋所赋予的比较优势是一国贸易增长的源泉,规模经济和产品异质性的存在突破了传统贸易理论的局限性,揭示了不完全竞争市场条件下产业内贸易发生的合理性和必然性。竞争优势理论从整合产业竞争力的视角揭示了不同专业化引起的价值链分工对国家竞争优势的影响。从需求层面来看,需求相似理论、恩格尔法则、竞争优势理论无一例外地强调了需求对一国出口竞争力的拉动作用。

陶瓷,作为产品蕴含着物质功能和精神文化双重属性,能给消费者带来双重价值。陶瓷产品的定价,受产品功能价值的影响,但更大程度上是由消费者的个性化观念价值所决定的,所谓"千金难买心头好"。产品观念价值是产品或服务中包含的能使消费者产生精神共鸣的无形价值。产品价值既可能因为消费者认同而产生精神观念溢价,也可能因为消费者观念偏差而产生文化折扣(魏鹏举,2010)。相较于供给因素,出口目标市场的文化需求也是影响陶瓷出口的重要因素之一。随着收入水平的提高,出口目标市场对陶瓷产品的需求将进一步增加,或是对陶瓷产品的特定文化属性的认同感增强,从而引起陶瓷产品出口规模的增加。因此,本书将在供给侧贸易理论的基础上,从需求和文化认同角度分析景德镇陶瓷的出口贸易。

第三节 国内外研究现状及综述

一、国外研究现状

陶瓷作为一种独特的商品,其贸易量虽然不及茶叶和丝绸,却扮演着其他商品难以替代的角色,且陶瓷贸易一直是学界研究的热点之一。截至2022年底在SpringerLink上搜索以"陶瓷贸易"为主题的文献,结果显示相关文献研究有12913篇,图书2532册,会议论文971篇。从发文量和研究主题来看,考古学方向1883篇,人类学方向874篇,地区和文化研究方向235篇,社会学方向100篇,综合社会科学96篇。从发文量和发文时间来看,陶瓷贸易研究的整体呈波动增长态势如图2-1所示。

从核心研究主题来看,有的针对陶瓷贸易影响因素展开研究,如 I. Martínez-Zarzoso(2003)以西班牙陶瓷出口为例,分析运输成本对陶瓷贸易的影响;有的则对本国陶瓷出口竞争力展开研究,如 F. Forejt(1966)分析捷克斯洛伐克瓷砖出口的问题和发展前景;有的分析某一区域陶瓷生产与贸易轨迹,如 Ezra S. Marcus(1995)分析以色列公元前2000至1750年的陶瓷生产和贸易网络;有的则分析陶瓷贸易下陶瓷文化或陶瓷技术的传播,如 Riccardo Montanari(2020)分析16世纪至20世纪日本艺术中的搪瓷和颜料及其对中国的反向影响。研究角度的多样化直接丰富了陶瓷贸易研究领域的广度和深度。

二、国内研究现状

陶瓷是我国出口历史悠久、久负盛名的产品之一。因此,国内学者对陶瓷贸易的研究也由来已久。在中国知网(CNKI)上搜索以陶瓷贸易为主题的文献,截至2022年底共有279篇,其中学术期刊227篇,学位论文22篇,会议论文14篇,报纸16篇。以"陶瓷出口"为主题的文献共有800篇,其中学术期刊494篇,学位

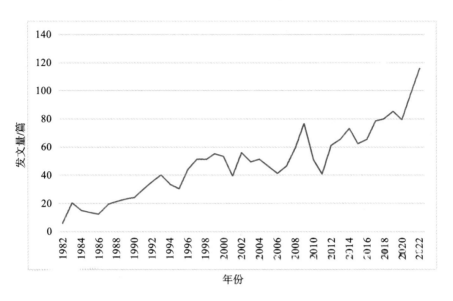

图 2-1　1982—2022 年 SpringerLink 陶瓷贸易研究的发文量与发文时间分布图

论文 33 篇,会议论文 3 篇,报纸 270 篇。相对而言,单独分析景德镇陶瓷贸易的知网文献较少,仅有 28 篇,其中学术期刊 21 篇,学位论文 4 篇,会议论文 1 篇,报纸 2 篇。

　　从发文量和发文时间来看,可将陶瓷贸易研究划分为三个阶段如图 2-2 所示。第一阶段是起步阶段(1977—1997 年),少数学者开始探索陶瓷产品的"走出去"以及面临的相关国内外经济形势。鉴于当时我国陶瓷销售主要面向国内市场,陶瓷出口规模相对有限,因此,这一时期的发文量也较少。第二阶段是快速发展阶段(1998—2007 年),这一时期的陶瓷贸易发文量不仅明显增加,而且呈现快速增长态势,2007 年发文量甚至到达 106 篇的高峰。其原因在于中国于 2001 年正式加入世界贸易组织(WTO),原有的陶瓷出口不确定因素有所缓解,国内陶瓷市场却因为产瓷区的遍地开花,竞争越发激烈。因此,不少产瓷区纷纷将出口视为陶瓷产业发展的主要出路。第三阶段为波动变化阶段(2008—2022 年),这一时期的陶瓷贸易发文量虽有波动,但基本控制在 20—70 篇。由此可见,陶瓷贸易仍然是陶瓷研究中相当重要的领域之一。总体来看,陶瓷贸易研究得到了我国学界的高度关注,且发文量与我国陶瓷贸易发展进程基本一致。

　　理论研究的意义与价值在于推动理论发展和服务社会经济发展。前者主要

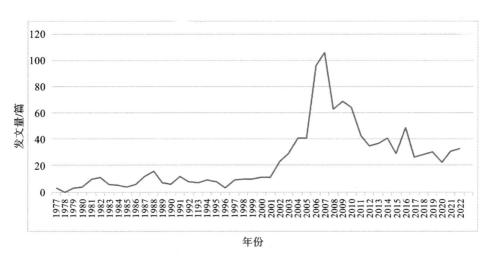

图 2-2　1977—2022 年 CNKI 陶瓷贸易研究的发文量与发文时间分布图

是助力学科理论的构建与发展,后者主要为社会经济问题的解决提供意见。近年来,各个国家和地区纷纷设立了各类学术研究基金以推动学术研究的开展。笔者对现有陶瓷贸易方向的文献研究基金支持情况进行统计,结果显示 2013—2022 年共有 34 篇期刊文献研究获得各类基金的支持,占期刊文献发文量的 4.71%。其中,获得国家社会科学基金、国家自然科学基金、全国艺术科学规划项目支持的文献为 16 篇;其他省、市级基金支持的文献 17 篇,如表 2-2 所示。

表 2-2　陶瓷产品贸易研究文献所获基金来源分布表

序号	基金项目名称	发文量/篇
1	国家社会科学基金	8
2	国家自然科学基金	7
3	全国艺术科学规划项目	1
4	中国博士后科学基金	1
5	中央高校基本科研业务费专项资金项目	1
6	浙江省软科学研究计划项目	1
7	山东省重点研发计划	1
8	山东省艺术科学重点课题	1
9	山西省高等学校哲学社会科学研究项目	1
10	广东省自然科学基金项目	1

续表

序号	基金项目名称	发文量/篇
11	安徽省自然科学基金项目	1
12	江西省自然科学基金项目	1
13	江西省教育科学规划项目	1
14	江西省哲学社会科学重点研究基地项目	1
15	江西省高校人文社会科学研究项目	2
16	吉林省教育厅科学技术研究项目	1
17	江苏省高校哲学社会科学研究项目	1
18	福建省教育系统哲学社会科学研究项目	1
19	佛山市哲学社会科学规划项目	1
20	广州市哲学社会科学规划项目	1
21	广西科技计划项目	1

（数据来源：根据中国知网及各政府、教育网站相关资料自行归纳整理所得。）

从研究主题来看，国内学者对陶瓷贸易的研究方向较为宽泛，既有研究陶瓷出口竞争力的，也有研究陶瓷出口面临主要壁垒的，如技术性贸易壁垒、反倾销、出口退税等；既有研究区域陶瓷贸易出口的，如中国的景德镇市和福建省，以及意大利、土耳其等；也有研究开辟新兴陶瓷市场的，如"一带一路"；既有研究陶瓷贸易历史的，也有研究当代陶瓷贸易的。陶瓷贸易研究主题分布如图2-3所示。

三、国内外研究综述

（一）考古研究

陶瓷是中国古代较重要的对外贸易物品之一。与其他商品不同，陶瓷不易朽烂，即使历经千年，碎为残片，研究者也能辨识它们的产地与年代，结合出土与留存地点，可以追溯其流动轨迹。根据它们的分布范围与数量，又可以探究陶瓷贸易的流通范围及输出规模，弥补文献的缺失或不足。正因如此，陶瓷贸易研究与考古已经成为探索古代交流与贸易、陆上和海上丝绸之路发展的重要路径之一。

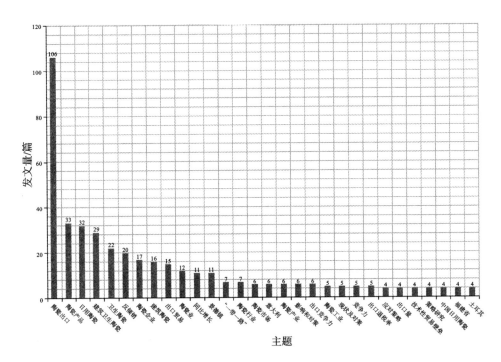

图 2-3　陶瓷贸易研究主题分布图

珍藏于世界各地的中国陶瓷、封存在海底的古代沉船,以及不同地区港口、遗址出土的残瓷碎陶,如同散落的历史拼图,为我们保存了大量珍贵的信息。刘未(2021,2022)指出,北宋时期我国陶瓷产品主要出口到东南亚、西印度洋地区。其中,闽浙陶瓷伴随陶瓷外销风潮逐渐进入中国香港市场,并通过中国香港中转运至海外各地。黄薇、黄清华(2021)指出,上川岛是中国澳门正式开埠前中葡早期贸易的重要据点。16世纪的葡萄牙人驾驶着帆船随着季风来到上川岛与前来此地的广州商人交易。瓷器是中葡贸易中的大宗货物,直接推动了东西方的交流。蔡喜鹏(2021)通过考证历史文献、考古发现和实物遗存,发现宋元时期,福州陶瓷通过近海航路进行海上运输,由此构建出稠密的近海贸易网络。该贸易网络以福州市及辖县为中心,并以位于水路沿线枢纽的市镇为重要节点。John N. Miksic、辛光灿(2020)指出,马六甲海峡是古代东西贸易的重要航线通道。他们对新加坡出水的众多陶瓷器物展开研究后发现,新加坡是我国陶瓷贸易的重要中转站。Esmyol(2020)研究发现,早在欧洲开通新航线以前,亚洲的陶瓷产品常通过完善的印度洋贸易网络到达非洲东部和南部国家。常则儒(2019)通过对台南安平古堡的考古挖掘发现,中国台湾在荷西时代、明郑时代是全球陶瓷贸易的一个重要中转站。张然等(2018)考察发现,我国的陶瓷产品在9—14世纪期间主要面向的是伊朗南部沿海地区。项坤鹏(2019)研究指出,至9世纪末,东南亚逐渐成为我国陶瓷外销的主要中转站。陈沛捷、吴静(2017)在分析潮汕陶瓷时发现,潮汕陶瓷外销始于唐代,兴盛于宋代。元代由于战火破坏、河道淤积、港口变更等原因,潮汕陶瓷大多转为内销。至明代,潮汕陶瓷外销又得以复兴,销往东南亚、东亚、西亚及欧洲地区。清代至近代,依靠漳淋港、庵埠港与汕头港,潮汕陶瓷持续外销,其中枫溪陶瓷的名号享誉世界。Agnes Vokaer(2013)提出陶瓷对叙利亚的进出口贸易影响巨大,在对叙利亚炊具(Brittle Ware)和北叙利亚双耳瓦罐(North Syrian Amphorae)进行区域内外贸易分布研究中发现,陶瓷贸易主要采用河流和陆地两种运输方式,沿海和内陆城市在陶瓷工艺品应用和运输成本上,存在显著差别。黄晓宏(2010)指出宋元时期,我国海上陶瓷贸易路线主要有两条:一是从扬州或明州(今宁波)出发,经朝鲜或直达日本的航线;二是从广州出发,到东南亚各国,或出马六甲海峡进入印度洋,经斯里兰卡、印度、巴基斯坦到波斯湾的航线。除此之外,泉州、上海、漱浦、温州、杭州、宁波也是我国陶瓷出口的主要港口。Kenneth G. Kelly(2008)从马提尼克岛和瓜德罗普岛古瓷窑遗址入手,研究法国殖民时期的陶瓷的贸易和交换模式,指出瓜德罗普岛的陶瓷需求,是通过跨岛贸易或沿海运输来满足的,且贸易的方向路线是跨越殖民地边界的。三上次男(1990)认为运往南亚以西的13—14世纪的中国陶瓷大多是以印度尼西亚及印度为中转站运至中东港口,再进一步运进内陆地区。林士民(1993)指出由于赣粤之间的梅关古驿道长期失修,宋元时期景德镇青白瓷外销,主要是通过宁波港外运实现的。从宁波港出运的景瓷,主要销往亚洲各国,最远可达非洲。

作为中国陶瓷出口的大宗供货基地,景德镇在中国陶瓷贸易发展史上占有重要地位。16—18世纪,景德镇每年都有数量巨大的瓷器销往东亚及东南亚各地。法国传教士殷弘绪曾说,景德镇一地,独挑运瓷器到全世界之大梁。这句评述客观地概括了景德镇外销瓷在中国陶瓷对外贸易中的历史地位。张新克(2021)指出18世纪景德镇瓷器出口对英国皇家伍斯特陶瓷发展产生影响。杨璐、宋燕辉(2019)指出,景德镇外销瓷作为一项文化聚焦物、一个艺术与商业交汇成功的典型现象,既蕴含中西方文明交流互动巨大的文化能量,又产生巨量商品倾销的经济能量。瓷器的输出改变了输入国的文化认同、价值取向、审美趣味及消费习惯等,成为人类历史上早期全球化现象的重要推手。徐茂林、曾玉成(2019),以及杨天源、苗诗钰(2022)指出,17—18世纪欧洲各国掀起了收藏景德镇陶瓷的热潮,在这种热潮的推动下,欧洲陶瓷竞相模仿借鉴景德镇陶瓷,直接催生了欧洲近现代陶瓷工业。景德镇成为当时欧洲各国陶瓷业心中的圣地,在工艺、艺术等方面对欧洲陶瓷产生了全面而深刻的影响。刘迎红(2014)指出,陶瓷贸易与景德镇陶瓷绘画之间存在相互联系,在封建时代,陶瓷绘画的兴盛和发展与陶瓷贸易间有一定的联系,陶瓷贸易的发展直接或间接地促进了陶瓷绘画的发展与兴盛。

(二)竞争力研究

关于竞争力的概念和定义,目前学术界尚无统一的界定。从微观层面来看,竞争力主要表现为企业竞争或产品竞争力,是指在竞争性市场条件下,企业通过培育自身资源和能力,获取外部资源,并加以利用,在为顾客创造价值的基础上,创造自身价值的综合性能力。皮特瑞夫(1993)指出如果一个企业能够长期占据其他企业没有的、独特的资源或能力,该企业就能保持持续的竞争优势。从中观层面来看,竞争力主要表现为产业竞争力,是商品和服务所具有的开拓和占有国际市场的能力及获利程度。裴长洪(2002)指出产业竞争力是指属地企业的比较优势及其在一般市场中绝对优势的集合。从宏观层面来看,竞争力主要表现为国际竞争力,是指一个国家在世界经济大环境下,与各国的竞争力相比,其创造增加值和国民财富持续增长的能力。萨缪尔森(1964)指出一国的商品参与国际竞争的能力,主要取决于国内外商品的相对价格。世界经济论坛(WEF)指出一国是否能实现人均GDP的高速增长,主要由竞争力资产和竞争力过程共同决定。迈克尔·波特(1990)指出国家竞争力是由经济结构、社会、文化、制度、价值观等多种因素决定并维持的。在这个过程中,国家的作用得以体现,逐渐形成了综合性的国家竞争力。

张婷婷、冯百侠(2008)指出,陶瓷是我国出口创汇的重要产品之一,伴随着陶瓷出口的不断增加,我国陶瓷产品的单价和品牌呈现出"双逆差"态势,"双逆差"是影响我国陶瓷出口竞争力的关键。姜鸿、江涛涛、张艺影(2013)指出,陶瓷业属于高能耗、高污染产业,在生产过程中需要消耗大量的土地资源和能源。中国大量的陶瓷制品出口虽然提高了国外消费者福利,扩大了中国的贸易顺差,但加大了中国的能源压力,污染了中国的环境。从二氧化碳排放和环境收益的角度来看,美国是中国陶瓷制品贸易的最大受益者,日本次之,韩国第三。乔雯、张颖(2017)运用修正的CMS模型,围绕需求、结构和竞争力,对1995—2015年中国陶瓷出口规模的波动展开分析,结论显示拉动中国陶瓷出口增长主要的动因是竞争力效应,市场规模效应次之,出口结构效应最弱。彭晓洁、雷坤、张建翔(2022)也运用相同工具对2001—2020年中国卫生陶瓷对澳大利亚出口展开分析,结论显示我国卫生陶瓷对澳出口主要受市场需求的影响,市场需求的增长是拉动中国卫生陶瓷对澳出口的主要因素,产品供需不匹配是贸易停滞增长的重要原因。郭建芳(2017)通过中国陶瓷国际市场占有率、出口显示性比较优势、国际贸易竞争力、陶瓷产品出口附加值等指标,分析得出了中国陶瓷产品出口虽然数量不断增加但质量并没有较大提升,其国际竞争力依然不强的结论。徐敏燕、左和平、章立东(2017)基于2001—2014年中国与17个国家之间陶瓷产品出口的面板数据,发现文化距离有助于出口贸易的发展,技术交流和学习存在梯度渐进,文化和技术的融合不仅有助于缩小文化距离,也有助于增强知识技术的消化吸收能力。王世群(2018)针对中印两国陶瓷贸易规模展开研究,发现即使两国间的贸易往来正在不断增强,但陶瓷贸易存在增速缓慢、摩擦不断等问题。周游、肖枫(2023)指出,汇率水平的变动及汇率波动均会给陶瓷出口带来负面影响,但汇率波动对陶瓷产品出口的影响相对较小;"一带一路"倡议有效地促进了中国陶瓷的出口,沿线国家不同的文化背景对陶瓷出口有不同的促进作用。

中国自古以来就是陶瓷文化的发源地,零星大小的陶瓷产区分布在全国各地。其中,景德镇、佛山、潮州等地拥有陶瓷生产的天然资源和地理优势,成为极具代表性的陶瓷产区。各地学者也纷纷对这些产区的陶瓷贸易发展建言献策。例如:江小妹等(2020)对景德镇陶瓷出口贸易展开研究;温素霞(2012)对唐山陶瓷出口展开分析;刘国珍(2020)对佛山陶瓷出口展开研究;苏敏俊(2020)、吴岚萍等(2017)对德化陶瓷出口展开分析;徐泽跃等(2016)对宜兴陶瓷出口展开研究;谢伊萍(2023)、吴旭霓等(2016)对潮州陶瓷贸易展开研究;张红美(2013)对淄博陶瓷出口环境及竞争力展开分析。

（三）贸易壁垒研究

我国陶瓷产业一直以来都是饱受海外贸易摩擦的重灾区。澳大利亚于1980年对原产或进口于我国的陶瓷餐具启动首例陶瓷贸易救济调查后，我国陶瓷产品又陆续遭遇来自其他国家和地区发起的贸易救济调查，陶瓷产品出口形势日益严峻。赵红娟（2019）、霍倩倩（2016）指出，反倾销是我国陶瓷出口遭遇较多的贸易摩擦，部分陶瓷产品甚至遭遇多次立案和反复调查的局面，其背后的原因也较为复杂，既包括产业内部的原因，又包括产业外部的原因；既包括产品自身的问题，又包括进口国的市场问题；既包括市场内的原因，又包括市场外的原因。陈丽辉（2017）对中国福建省陶瓷遭遇的贸易摩擦案件的特点和应对效果展开分析与评价，指出福建省在应对贸易摩擦案件方面取得了比较丰硕的成果。一是，应诉企业的出口绩效得到了明显改善，绝大多数福建省陶瓷企业通过积极应诉减小了贸易摩擦对其发展的不利影响。这进一步印证，企业在遭遇国际贸易摩擦的过程中，只要按规则进行市场运作并主动应诉，就会在市场中占据主动地位。二是，在贸易摩擦案件的应诉或抗辩中，福建省陶瓷企业表现出了良好的应诉成效，案件应诉的成功率高达92%。成功的应诉案件具有明显的示范带动作用，极大地增强了其他涉案企业参与国际贸易摩擦案件应诉的信心，从而提高了福建省出口企业应诉的积极性和主动性。三是，在行业发展方面，近年来福建省陶瓷行业虽然受国际贸易摩擦影响程度不断加大，但因福建省应对机制相对健全，整体应对效果较好，所以陶瓷行业并未受到较为严重的影响，并且获得了平稳、快速的发展。四是，在产业安全维护方面，福建省企业的参与数量和积极性均有大幅度提高，企业直报率连续多年位居全国前列。

除了贸易救济措施，技术性贸易措施也是阻碍我国陶瓷出口的主要因素。技术性贸易措施又称技术性贸易壁垒或技术壁垒。它以国家或地区的技术法规、协议、标准和认证体系（合格评定程序）等形式出现，涉及内容广泛，涵盖科学技术、卫生、检疫、安全、环保、产品质量和认证等诸多技术性指标。当前，主要目标市场的陶瓷技术标准均与我国标准存在一些差异。刘亚民、肖景红等（2021）指出，近年来国外频繁出台的技术性贸易措施严重限制了对我国陶瓷的出口，倒逼陶瓷企业升级技术。宫云廷、赵复强（2013）从技术标准、法规、标签、包装等角度阐述了技术性贸易壁垒对淄博陶瓷出口产生的影响。刘仁清、康平(2012)指出我国卫生陶瓷面临的技术认证种类繁多,有欧盟的 CE 认证、英国的 WRAS 认证、美国的 UPC、WaterSence 认证、加拿大的 CSA 认证、澳大利亚的 WaterMark、WELS 认证、沙特阿拉伯的 CoC 认证及尼日利亚的 SONCAP 认证等,这些壁垒大大减弱了我国卫生陶瓷出口的竞争力。韩静(2007)分析了技术性贸易壁垒对日用陶瓷出口产生的影响。梁柏清、刘亚民等(2007)指出,SA8000 可能成为新的技术性贸易壁垒,越来越多的跨国公司将 SA8000 作为国际采购的条件,这大大增加了企业的认证成本,制约了我国陶瓷产品的出口。

自 20 世纪 80 年代以来,知识产权成为越来越多国家的重要经济利益,1986 年乌拉圭回合多边贸易谈判将知识产权纳入其中。与贸易有关的知识产权成为 WTO 的 3 个主要多边贸易协定之一——《与贸易有关的知识产权协定》(TRIPS)所规范的对象。随着我国"一带一路"倡议的深入开展,知识产权对货物贸易的影响日益突出,陶瓷贸易也不例外。李国庆(2011)指出品牌缺位是中国陶瓷在与国际陶瓷巨头的竞争中居于劣势的主要原因。杨志民、龚红卫(2018)指出,知识产权是陶瓷企业创新发展的生命线,是加强陶瓷产业国际合作机制的助推器。马彬(2014)指出,陶瓷企业综合竞争力中最重要的能力是自主知识产权能力。产品异质化程度低、权利建设意识弱等问题制约了陶瓷企业知识产权核心竞争力的构建。张良华、冯浩、杨志明(2010)提出了构建陶瓷产业知识产权战略联盟的设想。鄢涛(2006)指出,实用陶瓷艺术作品适用于著作权保护、外观设计专利权保护及混合保护。郝海望、操武斌(2005)指出,陶瓷产品知识产权保护要重单项专门法保护,轻竞合保护、兜底保护;重民事制裁、行政制裁,轻刑事制裁;重事后救济,轻事前宣传。

(四)出口发展策略研究

陶瓷出口需要开拓新兴市场,"一带一路"沿线涉及 65 个国家,人口总量 44 亿,占全球总人口的 63%,经济总量 21 万亿美元,占全球经济总量的 29%。当前,"一带一路"沿线国家的基础设施投资与建设整体呈波动上升态势,市场需求旺盛,发展潜力强劲,基建项目投资热度显著提高,未来前景看好。其中,东盟、中东欧地区的发展优势较明显,巴基斯坦、斯里兰卡、孟加拉国等工程市场潜力巨大。

作为和各类基建项目紧密相关的领域,中国陶瓷也将搭上"一带一路"顺风车,迎来新一轮产业变革机遇。周游(2022)采用2010—2019年数据,深入探讨了中国陶瓷在"一带一路"沿线64个国家的竞争优势和发展潜力。研究发现,中国陶瓷在"一带一路"沿线区域具有非常强的比较优势,亚洲地区是中国陶瓷出口最重要的目的地,而独联体、中东欧地区的陶瓷贸易潜力最大。韩静(2018)分析我国陶瓷文化艺术品在"一带一路"沿线国家的出口潜力和贸易效率,研究得出蒙古国、日本、缅甸、斯里兰卡、尼泊尔、乌克兰、亚美尼亚、摩尔多瓦、捷克共和国、斯洛伐克、保加利亚、拉脱维亚、爱沙尼亚、波黑等国贸易潜力巨大;俄罗斯、韩国、印度尼西亚、越南、菲律宾、印度、科威特、立陶宛、斯洛文尼亚、克罗地亚等国贸易潜力一般;而泰国、马来西亚、新加坡、巴基斯坦、孟加拉国、阿联酋、伊朗、土耳其、以色列、埃及、约旦、格鲁吉亚、阿塞拜疆、波兰、匈牙利、阿尔巴尼亚、哈萨克斯坦、吉尔吉斯斯坦等国的贸易潜力较小。李海东、方志斌(2018)指出,"一带一路"倡议为中国陶瓷产业对接海外陶瓷产业和市场带来了重要机遇和挑战,中国陶瓷产业应在"走出去"与"产能过剩"的关系处理、观念革新、产品与技术输出、构建新的产业链等方面继续突破。王磊峰、刘伟伟、贺艳红(2018)指出,在"一带一路"背景下,应重视陶瓷文化话语体系建设,通过传承陶瓷文化,讲好陶瓷故事,增强中国文化的软实力。

从全球产业结构的变迁历程来看,产业结构的转型和升级离不开技术创新。技术创新是指通过新技术向传统产业传播、渗透并引导传统产业结构变革,产生新业态、新模式,进而对传统产业的发展产生深远的影响。当前,数字经济对陶瓷出口的影响也十分深远。邓志超(2020)指出,跨境电商可以促进佛山陶瓷出口向直销转型,助力陶瓷产品创新和品牌营销方式创新,并且降低陶瓷出口遭遇的技术壁垒风险和反倾销风险。韩静、曾国盛(2021)指出,数字经济是未来陶瓷出口高质量发展的重要动力,随着数字经济的深入发展,数字技术对陶瓷的贸易方式、出口产品结构、出口主体结构、出口优势及交易成本等方面均会产生深远的影响。付艺冉、殷耀如(2022)指出,数字经济不仅可以为景德镇高技术陶瓷增添新力量,也可以为传统陶瓷产业注入新活力,助力景德镇陶瓷产业的复兴与发展。苏娜娜、罗一鸣(2023)指出,在数字技术全面赋能文化创意产业全链条情况下,景德镇陶瓷文化创意产业也取得了骄人的成绩,但仍面临一些问题。陈名昭(2022)指出,数字技术有利于提升陶瓷生产效率,便于修改与再利用,能够推动德化陶瓷产业由同质化向差异化、技术导向、创新导向转变,从而改变营销业态,实现德化陶瓷产业的创新与升级。

(五) 总结性评述

通过上述文献可以看出,国内外对陶瓷贸易的研究主要集中在考古发现、竞争力、贸易壁垒、出口发展策略方面,研究视角较为宽泛,理论和实证分析兼具。虽然景德镇在世界陶瓷贸易史上占据着重要地位,但从现有研究成果来看,针对景德镇陶瓷贸研究所占比重并不高,且存在以下三方面不足。

一是,在时间维度上,现有对景德镇陶瓷贸易的研究主要集中在给定时间上的横向比较,而对时间维度上的纵向演变关注较少。横向比较是将景德镇陶瓷贸易现状、产品结构等与其他产瓷区进行对比分析,而纵向演变则是对景德镇陶瓷贸易波动的研究。目前,纵向演变相关研究相对较少。

二是,在研究视角上,现有对景德镇陶瓷贸易的研究主要基于传统贸易理论展开,未能考虑陶瓷本身的文化属性,理论分析上未实现较大突破。此外,对景德镇陶瓷贸易的研究仍主要集中在宏观层面,缺乏从微观视角分析景德镇陶瓷贸易演变的成因。

三是,在研究方法上,现有对景德镇陶瓷贸易的分析仍以定性分析和描述性统计分析为主,缺乏规范的计量分析。

第三章　景德镇陶瓷出口贸易的历史变迁

第一节　一个景德镇，半部陶瓷史

景德镇，在一定时期代表了我国制瓷产业最顶尖的生产技艺和技术水准，引领着世界陶瓷发展长达千年之久。在乾隆笔下，景德镇陶瓷有"世上朱砂非所拟，西方宝石致难同"的美名。历史学家、考古学家郭沫若先生也题词赞誉景德镇："中华向号瓷之国，瓷业高峰是此都"。纵观景德镇制瓷业发展史，其发展与产业生命周期理论如出一辙，如同每个产业所经历着从初创阶段到成长阶段，再到成熟阶段，最后进入衰退阶段这四个演变过程，景德镇制瓷产业也经历着"只供同俗粗用"到"昌南镇瓷名天下"，再到"天下至精至美之瓷器莫不出于景德镇"，最后"处于苦境"等不同阶段。当前，识别陶瓷产业生命周期所处阶段的主要标志有市场增长率、需求增长潜力、产品结构、竞争对手数量、市场占有率、进入壁垒、技术革新及用户购买行为等。

一、初创阶段——景德镇陶瓷初露锋芒

《浮梁县志》载："新平冶陶，始于汉世。大抵坚重朴茂，范土合埏，有古先遗制。"但是，近代也有学者指出景德镇制陶史最早可以追溯到新石器时代[①]。20世纪80年代在浮梁江村乡沽演村和王港乡的王港村发现古石器遗物，经初步鉴定为新石器时代器物，如图3-1所示。由此可见，早在4000多年前，浮梁县境内的原

---

① 洪卫宁，桂丽珍.《浮梁县志》与景德镇陶瓷研究[J].景德镇陶瓷，2005(2).

始居民就开始烧制瓷器。

图 3-1 景德镇市浮梁县沽演遗址出土石器图

(图片来源:江建新《景德镇沽演发现一批新石器时期时代遗物》。)

东汉时期(25—220年),景德镇开始烧制陶器。但由于陶器"质甚粗,体甚厚,釉色淡而糙","只供同俗粗用",并不远销。因此,影响极为有限。两晋时期,景德镇制陶业有了较大进步。东晋时期(317—420年),巧匠赵慨,对釉胎配置、成型和焙烧等工艺进行了一系列改革,为景德镇由陶至瓷的改革做出了重大贡献,被称为"制瓷师主",立庙奉祀。583年,南朝皇帝陈叔宝为造豪华的亭台楼阁,诏令景德镇进贡雕镂巧琢的陶瓷石柱。到了隋朝时期(581—604年),景德镇制陶业更进一步。《南窑笔记》载:"而至隋大业中,始作狮象大兽二座,奉于显仁宫。"

至唐初,制瓷工匠掌握了用高温烧制瓷器的方法,景德镇逐渐从烧制陶器向烧制瓷器转变。《景德镇陶录·卷五·陶窑》载:"唐初器也,土惟白壤,体稍薄,色素润,镇钟秀里。人陶氏所烧造,邑志云,唐武德中,镇民陶玉者,载瓷入关中,称为假玉器,且贡于朝,于昌南镇瓷名天下。"《景德镇陶录·卷五·霍窑》载:"窑瓷色亦素,土墡腻,质薄,佳者莹缜如玉。为东山里人霍仲初所作,当时呼为'霍器'。邑志载:唐武德四年,诏新平民霍仲初等制器进御。"同年,朝廷置新平镇,并在镇设监务厅,监瓷进御。从陶窑和霍窑能够成为朝廷点名进贡的窑场来看,当时景德镇陶瓷生产已经初具规模。中唐时期,陆士修等人在景德镇吟咏过白瓷,留下"素瓷传静夜,芳气满闲轩"的诗句。唐代著名文学家柳宗元作《进瓷器状》,文曰:"瓷器若干事。右件瓷器等,并艺精埏埴,制合规模。禀至德之陶蒸,自无苦窳;合太和以融结,克保坚贞。且无瓦釜之鸣,是称土铏之德。器惭瑚琏,贡异瓷丹。既尚质而为先,亦当无而有用。"从文人吟咏的词句可以看出唐代景德镇窑制作的白瓷品质精良,已经成为全国瓷器中的翘楚。1950年,中国古陶瓷研究专家陈万里先生等人在景德镇湖田窑与湘湖之间的白虎湾发现唐代白瓷碎片;1982年,在景德镇市区落马桥出土了一件具有明显唐代特征的玉璧形圈足碗残片;1990年,在白虎湾又出土了一件刻有"大和五年"(831年)铭文的瓷碾并刻有"李"字的匣钵残片。这些残片见证了唐代景德镇制瓷业的兴起与发展。

五代时期(907—960年),景德镇窑逐渐扩大,并首次在南方烧造出白瓷,其烧制的白瓷已达到现代瓷质的标准,且胎体细密,透光度较好,烧成温度已达1150—1200 ℃,孔隙度为0.8%,胎体白度达70%以上。器物主要有盘、碗、壶、水盂等。此时,景德镇因白釉瓷和青釉瓷得到了广泛关注和认可,从而打破了青瓷在南方的垄断局面,改变了"南青北白"的格局。

二、成长阶段——景德镇瓷业的强势崛起

宋代是我国瓷器空前发展的时期,出现了百花齐放、百家争鸣的局面,瓷窑遍布南北各地,名窑迭出。除了汝、官、钧、定、哥五大名窑,景德镇瓷业生产也进入了一个崭新阶段。宋初,景德镇已出现"村村窑火,户户陶埏"的兴盛场景。《江西通志》载:"宋景德中置镇,始遣官制瓷贡京师,应官府之需,命陶工书建年'景德'于器。"于是,天下"咸称景德镇",景德镇因此而得名,一直沿用至今。终宋一代,宋王朝都在景德镇设置税收机构,即所谓的"监镇",系官府所派,官监民烧。《宋会要辑稿》记载:宋代景德镇每年纳税3337贯950文;宋代定窑曲阳每年纳税359贯480文。定窑为宋代五大名窑之一,而景德镇所缴税收却接近定窑十倍。由此可见,北宋时期景德镇瓷业生产规模之大。从产品结构来看,北宋时期景德镇瓷主要以胎薄釉净、色泽如玉的青白瓷为主,这种青白瓷素有"饶玉"之美称。据《景德镇陶录·卷五·景德窑》:"土白壤而填,质薄腻,色滋润……其器尤光致茂美,当时则效著行海内。"[1]随着青白瓷的影响力逐渐扩大,广东、福建、安徽、浙江各地窑场出现了许多模仿青白瓷的瓷窑,形成了以景德镇为中心的青白瓷系。

1127年,宋王朝政权南移,北方的窑口先后衰落。这一时期景德镇窑的名声

---

[1] 方李莉.中国陶瓷史[M].济南:齐鲁书社,2013.

虽不及南宋都城附近的杭州哥窑,但相对偏僻的地理位置也使其免于战争破坏,进而制瓷规模进一步扩大,至南宋末期,几乎成为当时最大的产陶区。由于上层瓷石濒临枯竭,景德镇瓷业规模整体下滑,瓷器的质量大不如以前,釉的光泽度和透明度均有所减弱而且泛黄发灰。当然,这一时期也有少数质量较高的青白瓷呈现出如冰似玉的特征,但并没有批量生产。

元代,中央政府进一步加强对景德镇瓷器生产的管理。至元十五年(1278年),在景德镇设立浮梁磁局。《元史·百官志》记载,浮梁磁局由诸路金玉人匠总官府管辖。《元史·百官四·将作院》记载:"将作院,秩正二品。"将作院下设有司、所、局、库等多种机构。元代管理的作坊设置机构虽然数量众多,但真正烧造陶瓷的作坊却不多,只有浮梁磁局和大都四窑场。其中,大都四窑场主要烧造的是琉璃瓦等建筑产品,类似当今的建筑陶瓷,能够为宫廷官府烧造日用陶瓷的仅有浮梁磁局。《元史·百官四·将作院》记载:"浮梁磁局,秩正九品,至元十五年立。掌烧造磁器,并漆造马尾棕、藤笠帽等事。大使、副使各一员。"①"然所贡者俱千中选十,百中选一,非民窑可逮。"《浮梁县志》记载:"元更景德镇税课局监镇为提领。泰定本路总管监陶,皆有命则供,无命则止。"②虽然浮梁磁局只是承担对各窑场摊派、收购、输送、检查等任务,但足以显示元朝政府对景德镇瓷器的重视。在浮梁磁局的主导下,景德镇瓷业的生产体系进一步完善,成为皇家用瓷的供应地。"饶州御土,其色白如粉垩,每岁差官监造器皿以供,谓之御土窑,烧罢即封土不敢私也。"③这些史料也进一步印证了元政府在景德镇专门烧制皇家御用器皿,并对相关瓷土实行垄断。

在继承传统技艺的基础上,元代景德镇瓷在制瓷原料和工艺上实现了突破,发明了瓷石加高岭土的二元配方,如图 3-2 所示。这种突破不仅解决了南宋末期上层瓷石濒临枯竭的危机,而且有效提高了瓷器的硬度,降低了瓷器的变形率。由此开始,景德镇瓷逐渐从低温的软质陶向高温的硬质陶转变。在产品结构和瓷器装饰方面,景德镇先后成功烧制了青花、釉里红和青花釉里红,开创了白瓷彩绘

---

① 熊寥,熊微.中国陶瓷古籍集成[M].上海:上海文化出版社,2006.
② 蓝浦.景德镇陶录图说[M].济南:山东画报出版社,2004.
③ 熊寥,熊微.中国陶瓷古籍集成[M].上海:上海文化出版社,2006.

时代。在制度、技术及产品等的创新推动下,景德镇逐渐奠定了其在中国陶瓷发展史上的地位。《马可·波罗游记》曾记载:"在那个省有一个城市叫景德镇,那里生产世界上最美丽的杯子。这些杯子都是陶瓷的,除了那个城市之外,世界上任何地方都不可能生产这种杯子。"

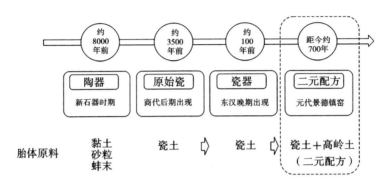

图 3-2　二元配方的出现

三、成熟阶段——全国制瓷中心的确立

明代,我国制瓷格局发生变化,从宋元时期的百花齐放转变为集中于景德镇一地生产,景德镇逐渐成为"天下窑器之所聚"之地。《景德镇陶录·卷一》曾记载,"明洪武二年,就镇之珠山设御器厂,置官监督烧造解京",景德镇成为皇家瓷器唯一官方指定的生产地。与宋元时期的监镇提领不同,御器厂生产的产品专供皇家使用,属于垄断产品。在官方参与下,御器厂在生产中不受成本所累,追求精益求精的产品质量和工艺创新。此时,御窑厂除了继承前代重要烧造技术外,还消化和吸收了各大没落著名窑场的优秀技艺并广采博收外来精华,不拘一格,大胆创新,创造了许多新的器型与装饰。御窑厂不断追求技术创新及产品理念的创新,也带动了景德镇民窑的发展。明代,景德镇民窑的生产规模比官窑更甚,从业人员达数万。官窑与民窑齐头并进,使得景德镇制瓷业出现了"匠从八方来,器成天下走"之势。全镇"延袤十三里许,烟火逾十万家""万杵之声殷地,火光炸天",沿河成窑、连窑成市。景德镇逐渐成为瓷业兴旺、商业繁荣的江南雄镇,逐渐成为中国瓷器艺术的中心。正如宋应星在《天工开物》所说:"有明一代,至精至美之瓷

器莫不出于景德镇""合并数郡,不敌江西饶郡产""若夫中华四裔驰名猎取者,皆饶郡浮梁景德镇之产也"。冯先铭在《中国陶瓷》一书中指出南北各地很多古老瓷窑在明代以前已经停烧,至于磁州、龙泉等窑,明代前期虽仍在烧造,但到明中期以后都已成了强弩之末,到了明代中期以后,景德镇瓷器几乎占据了全国主要市场,高质量瓷器的独占者——宫廷所用的瓷制品,几乎主要由景德镇供应,除此之外,民间用瓷也几乎主要由景德镇供应。

同时,御器厂的设置也推动了景德镇制瓷业生产方式从独立手工业者经营的小作坊或家庭作坊向工场手工业转变,资本主义生产方式萌芽。宋应星在《天工开物》载:"共计一坯之力,过手七十二,方克成器。"《景德镇陶录》中记载了23种陶务作坊,含取土、炼泥、修模、洗料、烧炉等14道工序。由此可见,自古以来景德镇制瓷业就有着庞大的分工体系,并且越是大批量生产,分工就越精细。正如亚当·斯密1776年在《国富论》中所阐述的:劳动分工可以提高生产率。因此,精细化的产业内部分工也是景德镇制瓷产业快速发展的主要原因。明嘉靖、万历年间,景德镇每年为宫廷烧制瓷器高达十万件。

清代前期,景德镇瓷业进入集大成阶段,无论是官窑还是民窑;无论是产品造型、装饰技法还是装饰题材、装饰风格,都达到了"参古今之世,运以新意,务诸巧妙,于彩绘人物、山水、花鸟尤各极其胜"的境界,制瓷技术炉火纯青、出神入化。沈怀清赞叹:"昌南镇陶器,行于九域,施及外洋。"[①]《陶冶图说》(清·唐英)载:"景德镇袤延仅十余里,山环水绕,僻处一隅,以陶来四方商贩,民窑二三百区,工匠人夫不下数十万,借此食者甚众。"由此可见,当时景德镇瓷业的繁荣景象。清顺治十一年(1654年),朝廷改御器厂为御窑厂,并从清康熙十九年(1680年)起派内务府官员驻厂督造。清代瓷都景德镇的地位比明代更为突出。

随着明清与国外交流逐渐频繁,瓷业中心景德镇也逐渐被世界认可。15世纪末至16世纪初,欧洲开辟了贸易新航线,中国和欧洲贸易迅速发展。据《欧洲瓷器史》记载:康熙三十九年(1700年)东印度公司在欧洲港口一天就可以卸下从中国景德镇等地运载的华瓷约十四万件之多;荷兰东印度公司在雍(正)乾(隆)年间,年均进口以景德镇为主的华瓷达六十六万余件;瑞典东印度公司从1731年到

---

① 朱琰.陶说译注[M].北京:轻工业出版社,1984.

1813年的82年间,进口华瓷达五千万件。

巨额的瓷器利润,引发了欧洲对景德镇瓷器制作的思考。仅瓷器生产方法就引起了欧洲人的想象。马克·波罗曾认为,瓷器由沙土或黏土制成,土从地下挖出,堆成土丘,露天放置30天到40天,接受风吹、雨淋及日光照射,由此,土得到提纯,瓷器便制作而成。后来又有欧洲人提出,瓷器由地下某种液体加工制成,这种液体为东方独有。1557年有人提出假设,将蛋壳或鱼鳞研磨至粉状与清水搅拌,放入模具中,埋入地底。一百年后再将其取出,成形后的制品便是瓷器。在后来的尝试中,这些方法无一成功。

17世纪中叶,荷兰的代尔夫特窑开始仿制生产中国青花瓷,试图打破中国瓷器在欧洲市场上的垄断格局。代尔夫特是荷兰的一个小镇,位于鹿特丹附近。严格说来,代尔夫特窑生产的是陶器,而不是瓷器,远不能满足欧洲贵族对瓷器的需求,如图3-3所示。为了取代中国瓷器,满足人们对瓷器的需求,欧洲人开始建立自己的瓷业生产工厂。他们通过各种途径搜集中国瓷器生产的配方。在此过程中,深入到中国的传教士起了重要作用。清康熙末年,陶瓷二元配方被法国传教士殷弘绪(原名为昂特雷科莱)传到欧洲,自此,欧洲开始正式仿制中国硬质瓷。虽然法国人最早在中国搜集到了情报,但在欧洲最早建立起陶瓷厂的却是德国人。1710年,在位于德累斯顿附近的梅森(Meissen)小镇,奥古斯特二世(August Ⅱ Fryderyk Moncny)建立起皇家萨克森瓷器厂(Royal Saxon Porcelain Manufacture),为三百多年欧洲对瓷器的新探索掀开序幕。梅森不仅是欧洲第一家大规模生产瓷器的制造厂,也是18世纪上半叶欧洲较负盛名的瓷器制造厂。在之后相当长一段时期内,整个欧洲瓷器制造业都受梅森瓷器风格影响。18世纪中后期,欧洲的法国、英国、意大利及西班牙等国也开始制作瓷器,先后建成了颇具代表性的瓷器制造厂,如法国的塞夫尔、英国的韦奇伍德、奥地利皇家维也纳、意大利波迪蒙蒂等。欧洲制瓷业在短短几个世纪就完成了从研究、仿制再到创新发展的历程,且其发展速度和规模十分可观。

尽管同机器大生产相比,传统景德镇瓷业在生产模式上并不占优势,但长期以来在国际市场上形成的影响力和美誉,使其在很长一段时间内仍占有一定的市场份额。

图 3-3　中国青花外销瓷与代尔夫特陶器的对比

（图片来源：孙晶《青花里的中国风：17 世纪荷兰代尔夫特陶器的模仿与本土化之路》。）

四、衰退阶段——面对欧洲陶瓷机械化生产的竞争

自乾隆中期开始，官窑管理混乱，加之国内经济衰退、国外销量的大幅度下滑、高岭土危机与审美倾向等多重原因，导致景德镇瓷业逐渐由盛转衰。

嘉庆时期，正值欧洲工业革命兴起。在工业革命的推动下，欧洲陶瓷摒弃了传统的手工制作方式，转而推行机械化生产。通过标准化、规模化、科学化、机械化的生产模式大大提高了陶瓷的生产率，降低了其生产成本，至此欧洲制瓷业迅速崛起。其生产的陶瓷已在欧洲市场形成了一定的竞争优势，市场对中国瓷器的需求大幅减少。1791 英国东印度公司完全停止进口中国瓷器。另外，欧洲各国还采取贸易保护政策，不断提高华瓷进口税。1799 年运销中国瓷器到欧洲的主要公司之一的荷兰东印度公司破产，完全停止与中国的瓷器贸易。

道光时期，因水患国内经济陷入萧条，对景德镇瓷器的生产也产生了诸多不利影响。此时期瓷器大多十分粗劣，胎体厚薄不一、比例不甚协调。胎体色泽虽然细白，但多数胎质疏松、胎釉结合不紧密、器物釉面肥厚。这一时期的瓷器在图案绘制方面也缺少层次变化且构图趋于疏朗。官窑产品虽还尽力保持瓷器纹饰工整、细致，但民窑瓷器的画风则较为草率，纹饰过于简单，偶尔还会出现气泡或脱釉的现象。因瓷业生产条件、生产质量及装饰水平的下降，国内外对景德镇瓷器的需求开始减少，烧窑的规模也在缩小，景德镇制瓷产业进一步萎缩。

咸丰、同治时期,内有太平天国起义,外有英、法等列强觊觎,再加上朝廷腐败,致使社会动荡,景德镇制瓷业愈加衰弱。咸丰五年(1855年),由于地处清政府和太平天国拉锯的主战场,景德镇御窑厂在兵火中被毁,基本处于停烧状态。同治五年(1866年),李鸿章筹银十三万两,重建景德镇御窑厂,且每年瓷务费也恢复为一万两白银,与旧制相同。同治十三年(1874年),御窑厂因兵燹之后,从前名匠皆流亡,现在工匠俱后学新手,造作法度诸多失传,如图3-4所示。① 由此可见,不计成本的御窑厂,虽然也能生产出如大雅斋这样精美的瓷器,但也仅仅是昙花一现,其地位很难与辉煌时期的御窑厂相媲美。至光绪时期,"明清御窑,已久废圮,全镇虽有民窑一百一十余只,坯坊红店之工艺皆不惊人,所赖以保全国粹者,仅恃名画工数人。每年所制仿古器,尤日形退化,盖以销数少,不求精也"②。

御窑的衰弱也影响了景德镇民窑的生产,至清晚期,景德镇瓷器已不再是奢侈品或畅销品的代名词,反而日渐陷入困境。面对欧洲陶瓷机械化生产仍然固守传统手工作坊形式的景德镇陶瓷逐渐失去了近千年世界陶瓷中心的地位。

五、转型阶段——景德镇瓷业的重新探索

甲午战争后,面对内部瓷器市场持续低迷且有被外瓷攘夺之势。不少开明士绅提出改进制瓷技术、仿制西方瓷器,扩大销路,以保利权的设想。光绪二十二年(1896年)正月,两江总督张之洞上《江西绅商请办小火轮瓷业及蚕桑学堂折》,奏请设立新兴瓷业公司,并提出派人去西方考察瓷业,研究洋人习性,仿制西式日用瓷器,免税数年,限江西省专利十五年等措施。此提议得到光绪帝和总理衙门的同意。但当清政府把此事交给江西巡抚德寿办理时,却遭到了拒绝。德寿同年五月上《为查明江西景德镇窑厂早有仿照西瓷贩运出口历系照章完厘现据江西绅商兴办西瓷自应仍照华瓷章程按抽护验各厘未便减免折》中写道:是西式瓷器实为瓷厘大宗,虽江西各厘卡历年查照华瓷按篮件大小酌收厘数,并未立有西瓷名目,而实为向来厘局一大进项……嗣后西式瓷器应完厘金必至全免,启此漏卮年亏十

---

① 魏瀛,鲁琪光,钟音鸿.中国地方志集成 江西府县志辑[M].江苏古籍出版社,1996.
② 叶喆民.中国陶瓷史[M].3版.北京:生活·读书·新知三联书店,2022.

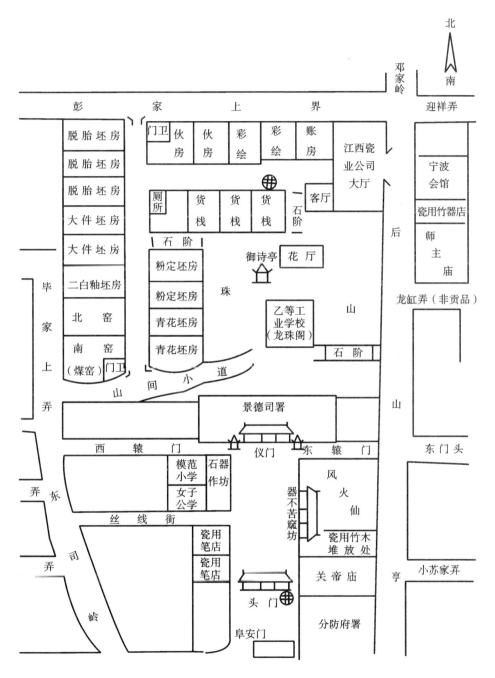

图 3-4　清末民初御窑厂遗址示意图

（图片来源：詹伟鸿《江西瓷业公司与清御窑厂关系新发现史料及分析》。）

余万两之收数,何能当次重咎,即或准该绅商另制新式西瓷,遵照奏案免厘三年,既恐广帮诸商籍口同为西瓷,将向有厘金相率抗缴,又虑奸徒混朦隐射难以剖别,转辗筹思诸多窒碍。由此,创办新兴瓷业公司的提议就此搁浅。

张之洞创办瓷器公司提议搁浅后,海外制瓷技术却在不断进步。1897年到1912年,日本陶瓷界专家每隔四年便到景德镇进行考察。在对景德镇和英国制瓷业进行调研、分析后,日本制瓷界认为其技术已经超过景德镇。光绪二十五年(1899年),日本成功用煤代替柴作为烧制瓷器的燃料,大大降低了瓷器烧制成本。洋瓷凭借其低廉的价格逐步扩大对中国的倾销,景德镇瓷器市场面临着巨大压力。为保住利源、扩大市场,清政府又把开办瓷器公司的提议重新提上日程,却因资金筹集困难,不了了之。

光绪三十二年(1906年),新任江西巡抚吴重熹再次将创办江西瓷业公司提上议程,并令李嘉德赴沪招集商贾。李嘉德到沪后就瓷器公司如何筹款办理,是否申请专利,手工生产亦或机器生产等事商晤于时任上海道的瑞澂。瑞澂曾在九江担任过广饶九南兵道,并督办过九江关税兼管景德镇窑场事务,对景德镇瓷业十分熟悉。在官商合办陷入困境时,瑞澂提议改为商办模式,并由他主导。光绪三十三年(1907年)初,商办江西瓷业公司发起人曾铸、张謇、袁蔚章、陈作霖、许鼎霖、朱佩珍、樊棻等士绅名流联名向清廷农工商部禀文,申请将原官商合办瓷器公司更名为商办江西瓷业有限公司,并推选康达为瓷业公司经理。光绪三十三年(1907年),两江总督端方奏改江西瓷业公司为商办。6月8日,《申报》头版开始以"奏定商办江西瓷业有限公司"为名刊登招股广告。光绪三十四年(1908年),公司正式开工生产。6月,公司得到农工商部正式批准立案,并填给执照。按照经理康达计划,"设总厂于景德镇珠山之上,注重恢复康乾古制,设分厂于饶州鄱湖之滨,专仿东西新法"。在公司总厂,用景德镇传统方法制瓷,但讲究产品质量。工艺上力求寻访失传精良技艺,研发各种新釉料配方,高薪聘请一些绘瓷名家参与瓷器绘制,并注重题材、技术、款式创新,公司产品销路甚广。在生产形式上,第一次在景德镇制瓷业中实现了规模化工业生产,使用破碎机提高了原料炼制的效率和质量;使用半机械式辘轳车拉坯和压坯、注浆成型,提高了瓷器的成型效率和质量;使用机械喷釉和煤烧窑,提高工作效率并降低瓷器烧制成本,同时还改变了景德镇传统瓷业生产长期形成的分业分工、烧做两别、名目殊别甚多而不能兼营的模式,这些革新对景德镇制瓷业具有里程碑式的意义。

从光绪三十四年(1909年)公司开工至清政府垮台,江西瓷业公司经营得较有成效。由于江西瓷业公司开办前两年的卓越表现,清政府农工商部为其上奏请奖,公司获得勋章,经理康达获内翰四品顶戴以示鼓励。同年6月,公司第一次发放股息;同年10月,借用苏州农工商局为会场开第一次股东会。宣统二年(1910年),公司生产的瓷器参加南洋劝业会获得头等奖。虽然江西瓷业公司前两年经营得较有成效,但实际自1909年冬,即公司正式开工仅半年后就面临资金短缺问题。公司原拟筹股40万元,经理康达所有的规划也是按40万元股本设计的,但后来发现实收股本只有16万元左右。1911年,辛亥革命爆发,景饶两厂遭兵匪围攻,盘踞数日,厂房蹂躏、瓷器被毁、账本丢失。1913年,公司饶州分厂停办,景德镇本厂亦收缩经营。1919年,公司发生火灾,从此一蹶不振。

除清末的江西瓷业公司外,民国时期,景德镇先后出现了一批公司制企业,如天佑华瓷业公司、九江光大瓷厂等。这些瓷厂虽然仍是官商合办,但都引进了西方企业的管理机制,实行所有权与经营权分离。但是,随着国外大量机械工业产品的进入,景德镇已失去世界陶瓷中心的地位,许多陶瓷作坊因此停止生产。景德镇瓷器在当时的国际市场上不仅挫败于日本,而且次于欧洲,特别是英、德、法等国的瓷器。民国初期南洋各地中国领事报告说,南洋人惯用中国土产,但中国的瓷器花样既不如欧美,品质价格又比日货昂贵,故现在似"已处于苦境"。

1914年,黄炎培在景德镇考察过程中指出,景德镇保守顽固,交通落后,缺乏现代社会法则与新型瓷业技术。持相同观点的人还有时任美国驻华外交官的Frank B. Lentz,其1920年来到景德镇,虽惊叹于景德镇高超的手工制瓷技艺,但也认为景德镇是一个非常保守落后的地方。整个城市没有报纸、电灯和电话,仍然从事着传统的瓷业生产。

1931年爆发的抗日战争不仅给中国人民带来了空前的灾难,也给景德镇陶瓷业带来了毁灭性打击。景德镇相对闭塞的地理环境成为周边难民的栖身之所,难民的涌入使得景德镇城市功能丧失,陶瓷生产也被迫无序化。1939年底至1942年7月,先后有16次21批日军飞机对景德镇展开密集轰炸,大批陶瓷工人回乡避难,陶瓷对外运销路径几乎完全阻塞断绝,再加上劳动力的短缺,景德镇陶瓷生产几乎完全处于停滞状态。1940年,全镇烧瓷的柴窑和槎窑的数量急速下降至几十座,使昔日"殖陶之利,舟车云屯,商贾电骛,五方杂处,百货俱陈,熙熙乎称盛观矣"的景德镇陷于沉寂。即使这样,仍然有一大批陶人在艰难中寻求发展,如王琦、王大凡、汪野亭、邓碧珊、毕伯涛、何许人、程意亭、刘雨岑等人组成的"珠山八友"把景德镇的粉彩艺术推向一个新的高峰,但是,终究无法挽狂澜于既倒。

六、复苏阶段——景德镇瓷业的恢复发展

中华人民共和国成立后,景德镇制瓷业进入恢复和重新探索期。在党和政府的领导下,景德镇成立了十大国有瓷厂——建国瓷厂、人民瓷厂、红旗瓷厂、红星瓷厂、新华瓷厂、光明瓷厂、宇宙瓷厂、东风瓷厂、艺术瓷厂、为民瓷厂,以及原料总厂、陶瓷机械厂、瓷用化工厂、耐火器材厂、印刷厂等配套工厂,构建了比较完整的陶瓷产业链。景德镇市工商银行信息咨询公司的数据显示,1986年,景德镇生产的日用陶瓷就达31900万件,实现总产值23600万元,约占当年全国日用陶瓷工业产值的七分之一。同年,作为外销瓷的主力军,景德镇瓷器销往全球120个国家和地区,占全国日用陶瓷出口创汇总额的五分之一①。

但是,1995年以后,受陶瓷产业内外环境剧烈变化的影响,景德镇陶瓷产业发展陷入低谷,生产能力逐年下降,产品质量、档次低;花色、器形单调,产品创新升级缓慢;非公有制企业规模偏小,缺乏能带动产业发展的龙头陶瓷企业;陶瓷市场秩序紊乱,竞争无序;陶瓷出口规模逐年萎缩,企业经营效益不断下滑,专业技术人才和管理人才流失严重。

进入21世纪,景德镇政府和企业纷纷寻找出路,出台了一系列推动陶瓷产业恢复发展的利好政策,如大力发展民营陶瓷企业、调整陶瓷产品结构与生产规模等,景德镇陶瓷产业发展逐渐恢复元气。但与国内其他产瓷区相比,景德镇陶瓷生产规模及出口规模仍相对有限。

2015年,习近平总书记先后两次对景德镇御窑厂遗址保护工作作出重要指示。为了更好地贯彻习近平总书记的重要指示,保护好、传承好、利用好景德镇陶

---

① 王小茉.景德镇国营瓷厂与景德镇瓷业复兴[J].装饰,2014(8).

瓷文化,景德镇开始谋划试验区创建工作。2019年,江西省政府将试验区实施方案上报国务院;同年8月26日,国务院正式批复《景德镇国家陶瓷文化传承创新试验区实施方案》;次年,景德镇市委办公室、市政府办公室印发了《景德镇国家陶瓷文化传承创新试验区三年行动计划(2019—2021年)》。

近年来,在江西省委省政府的推动下,景德镇陶瓷产业发展实现新突破。景德镇传统陶瓷产业不断转型升级,与旅游、科技、数字化、智能制造等各领域深度融合,呈现出了新技术、新业态、新模式。其主攻先进陶瓷、做强日用陶瓷、做精艺术陶瓷,突出陶瓷产业特色发展。同时,景德镇开展文化大挖掘、促进陶瓷文旅大融合、塑造地域大特色、构建统一大品牌,促进了陶瓷文化与旅游的深度融合。通过搭建更高品位的人文交流平台、更加出彩的开放合作平台、更大体量的产品交易平台,提高陶瓷交流交易水平。截至2021年,景德镇已与世界72个国家180多个城市建立友好关系,广泛开展国际文化交流、国际合作办学、学术研修等活动。2021年,景德镇陶瓷产业市场主体净增2600多家,规模以上陶瓷及文创产业产值达157.8亿元,增长38.3%。2021年,景德镇陶瓷直播电商年交易额达70亿元至75亿元,占全国陶瓷直播电商交易量的70%左右。2021年景德镇获"全国版权示范城市"称号,成为中部地区首个、全国第13个版权示范城市。同年,景德镇国家陶瓷版权交易中心获批成立,设立陶瓷版权快速维权中心、陶瓷版权专家委员会,新增4个版权服务站,版权登记数猛增370%。2021年,景德镇正式成立了江西省艺术陶瓷标准化技术委员会,完成了多项艺术陶瓷标准制定计划起草单位的征集与标准制定计划征求意见工作。

站在新的历史起点上,展望建设现代化国际瓷都的未来,拥有悠久的冶陶史、官窑史、御窑史及中华人民共和国成立以来70多年陶瓷生产史的景德镇,必将继续传承创新陶瓷文化,深度挖掘千年瓷都人文底蕴,构建新时代陶瓷产品和话语体系,扩大陶瓷产品贸易和文化交流,更好地满足世界对景德镇及中国陶瓷的新需求和新期待,进一步展示中华古老陶瓷文化的魅力,阐释当代中国人文城市的创新与发展。

第二节　景德镇陶瓷出口贸易历程
——基于沉船考古的发现

早在先秦时期,我国就与南海诸国展开交往。汉代便开辟了由中国东南通往印度东海岸的海上贸易线路。自此,景德镇陶瓷开始随着海上线路的开辟,逐渐向海外流通。唐代烧造的青瓷、宋代烧造的青白瓷、元代烧造的青花瓷、明清两代烧制的彩瓷和纹章瓷等,都随着商船漂洋过海,抵达世界各地。海外市场逐渐成为景德镇陶瓷销售的重要市场。至元代,景德镇瓷器就已成为当时中国较具有国际竞争力的产品,成为中外文化交流的重要纽带和桥梁。通过了解海底沉船年代和所装载的陶瓷,我们可以重新认识不同年代景德镇陶瓷出口的规模、品种、器形和釉色的变化,帮助我们理清景德镇陶瓷出口历程与贸易波动。

一、两宋时期的沉船考古发现

(一) 印尼鳄鱼岛 (Pulau Buaya wreck) 沉船

鳄鱼岛沉船发现于苏门答腊东南方的鳄鱼岛海域,邻近史书中记载的三佛齐、詹卑等国。1998年对沉船进行了打捞,出水船货以陶瓷器为大宗,完整器数量不少于31302件,加上碎片,总数预计超过32000件,涵盖了碗、盆、瓶、壶、罐和军持等器形,其中绝大部分为中国瓷器。从器形来看,主要是来自广东、福建和景德镇窑口的宋代瓷器,其中广东和福建窑口的瓷器占比较高,景德镇瓷占比较低,产品涉及景德镇的青白釉碗、瓶、盒等,如图3-5所示。通过与国内资料的对比发现,沉船年代大约在11世纪中期至12世纪早期,即北宋中晚期到南宋初年[1]。

---

[1] 上海中国航海博物馆,中国海外交通史研究会,泉州海外交通史博物馆.人海相依:中国人的海洋世界[M].上海:上海古籍出版社,2014.

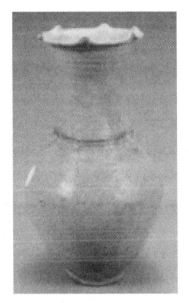

图 3-5　鳄鱼岛(Pulau Buaya wreck)沉船出水的景德镇青白釉花口瓶

(图片来源:胡舒扬《宋代中国与东南亚的陶瓷贸易——以鳄鱼岛沉船(Pulau Buaya wreck)资料为中心》。)

(二) 西沙"华光礁Ⅰ号"沉船

西沙"华光礁Ⅰ号"沉船于1996年发现,1998年至1999年试掘,2007年至2008年正式发掘。出水了大量陶瓷器,青白瓷器居多,青瓷器次之,还有一定数量的酱褐釉器。其中,青白瓷以福建窑口居多,包括德化窑的青白釉碗、瓶、粉盒,南安、闽清等地的碗、盘、刻花执壶之类,景德镇青白瓷占比较少,如图3-6所示。通过对比沉船器物组合及出水瓷器特征推测沉船可能是南宋时期来自泉州的"福船"[①]。

(三) 广东"南海Ⅰ号"沉船

广东"南海Ⅰ号"沉船于1987年在广东省川山群岛阳江海域附近被发现,后

---

① 中国国家博物馆水下考古研究中心,海南省文物保护管理办公室.西沙水下考古:1998~1999[M].北京:科学出版社,2006.

图 3-6 "华光礁Ⅰ号"沉船出水的部分景德镇瓷器及残片

(图片来源:刘爱虹《"华光礁Ⅰ号"沉船出水陶瓷器概览》。)

经多次调查与试掘。沉船出水文物以陶瓷器为主,主要有景德镇青白瓷、龙泉青釉和青黄釉瓷、德化青白瓷等。其中,福建窑口的瓷器占比最大,如图 3-7 所示。

通过对比沉船器物组合及出水瓷器特征推测沉船可能为南宋中期前后的船只①。

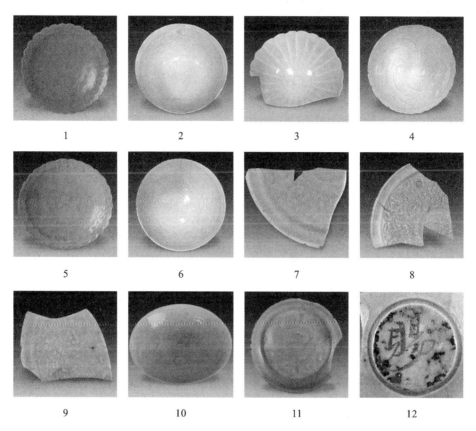

图 3-7 "南海Ⅰ号"出水的景德镇青白瓷

(图片来源:刘冬媚《"南海Ⅰ号"沉船景德镇窑青白瓷研究》。)

(四)日本奄美大岛仓木崎海底沉船

日本奄美大岛仓木崎海底沉船遗址出水了大量的南宋陶瓷。出水陶瓷主要以龙泉青瓷和福建青白瓷为主,另有少量的景德镇青白瓷②。

---

① 厦门大学海洋考古学研究中心.海洋遗产与考古[M].北京:科学出版社,2012.
② 沈琼华.2012海上丝绸之路:中国古代瓷器输出及文化影响国际学术研讨会论文集[M].杭州:浙江人民美术出版社,2013.

二、元代时期的沉船考古发现

(一) 韩国新安海底沉船

韩国新安海底沉船经过多年打捞出水了大批中国陶瓷器,其中数量较多的是龙泉青瓷和景德镇白瓷和青白瓷,还有建窑黑釉系瓷器,闽清义窑的白瓷、钧窑系及其他窑口瓷器,以及金属制品。根据出水的"至治三年"(1323年)墨书木简,可判断沉船应为14世纪20年代的元朝末年。沉船可能是从宁波港出发的,目的地是日本。沉船还出水了小件青白釉褐色点彩装饰的景德镇瓷,如图3-8所示,这种器形曾在东南亚地区广泛出土。由此可见,沉船可能转航过东南亚①。

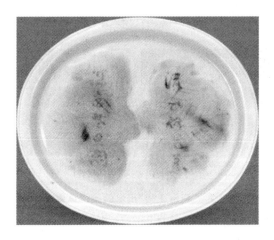

图 3-8　新安海底沉船出水的景德镇青白瓷釉里红双叶纹盘

(图片来源:金英美《新安沉船:韩国海域里的"中国制造"》。)

(二) 西沙群岛"石屿二号"元代沉船

2010年,国家博物馆水下考古研究中心组织力量对西沙群岛"石屿二号"沉船遗址进行水下考古调查,发现了大量的陶瓷器,其中,元代青花瓷占出水器物总量

---

① 叶文程,丁炯淳.从新安海底沉船打捞的文物看元代我国陶瓷器的发展与外销[J].海交史研究,1985(8).

的一半以上,如图 3-9 所示。除此之外,还有景德镇枢府卵白釉瓷器、德化白釉瓷及莆田青灰釉瓷等。通过对比沉船器物组合及出水瓷器特征,沉船年代应为元朝末年①。

图 3-9 "石屿二号"出水的景德镇青花瓷片

(图片来源:孟原召、鄂杰、翟杨《西沙群岛石屿二号沉船遗址调查简报》。)

(三)福建漳浦沙洲岛元代沉船

2008 年,福建沿海水下考古调查队对沙洲岛沉船遗址进行水下考古,发现了大量的陶瓷器,包括青瓷、青白瓷,酱釉器及素胎器等,器形有碗、执壶、水注、盆、炉、四系罐等,如图 3-10 所示。其中,景德镇瓷器种类丰富且最为精美,龙泉青瓷数量不多。通过对比遗址器物组合及出土瓷器特征得出,遗址年代大致为元末明初或明代早期②。

图 3-10 漳浦沙洲岛元代沉船出水的景德镇青白釉水注

(图片来源:宋蓬勃、陈浩、羊泽林等《福建沿海水下考古调查》。)

---

① 孟原召,鄂杰,翟杨.西沙群岛石屿二号沉船遗址调查简报[J].中国国家博物馆刊,2011(11).
② 福建沿海水下考古调查队.漳浦县沙洲岛元代沉船遗址水下考古调查[J].福建文博,2008(2).

三、明代的沉船考古发现

(一) 菲律宾巴拉望海域的利纳 (Lena) 明代沉船

1997年,在菲律宾巴拉望海域西部的利纳浅滩发现了一艘明代中期(1490年左右)的沉船。出水文物以景德镇青花瓷器居多,如图3-11所示。另有龙泉青瓷,以及越南、泰国产的瓷器,器形具有15世纪末16世纪初的特征,很多器物造型及纹饰带有明显的伊斯兰风格。从船体结构上看该沉船属于中国商船,沉船可能从广州出发,沿中国南部海域,经过安南(今越南)及暹罗(今泰国),去往马六甲,再转向霍尔木兹或亚丁[①]。

(二) 文莱海域明代沉船

1998年,文莱海域发现一艘明代沉船。出水主要以弘治时期景德镇民窑青花瓷为主,另有景德镇仿龙泉的青釉产品和部分东南亚瓷器,如图3-12所示。器形上多见大盘、笔盒、执壶、瓶、盖盒等,布满缠枝花卉,为典型的伊斯兰风格器物[②]。

(三) 福建平潭老牛礁沉船

福建平潭老牛礁发现的明代中期沉船遗址所出水的青花瓷主要以碗、盘为主,纹饰包括折枝花、缠莲枝、荷花、菊花、蕉叶、花篮、梅雀、奔马、人物等。从器物风格来看,应属明代中期景德镇民窑产品,如图3-13所示。类似的器物组合和风格还见于西沙"石屿二号"沉船遗址[③]。

---

① Pierson S,Crick M. Sunken treasures:fifteenth century Chinese ceramics from the Lena Cargo[M]. London:Periplus Publishing Limited,2000.
② 林梅村.大航海时代东西方文明的冲突与交流——15~16世纪景德镇青花瓷外销调查之一[J].文物,2010(3).
③ 赵嘉斌.水下考古学研究:第一卷[M].北京:科学出版社,2012.

图 3-11 利纳沉船出水的景德镇青花瓷

（图片来源：陈冲《沉船所见景德镇明代民窑青花瓷》。）

续图 3-11

(四) 广东"南澳Ⅰ号"沉船

广东"南澳Ⅰ号"沉船遗址位于广东汕头南澳东南三点金海域,是一艘满载青花瓷器的沉船,广东省文物考古研究所、中国国家文物局等单位对该沉船进行多

图 3-12 文莱沉船出水的景德镇青花瓷

(图片来源:陈冲《沉船所见景德镇明代民窑青花瓷》。)

次调查和发掘。出水遗物总计约 3 万件,主要以漳州窑和景德镇窑青花瓷为主,如图 3-14 所示。景德镇瓷器制作精细,流行山水楼台、海马火焰、荷塘莲花、祥云飞禽等吉祥图案,为典型的嘉靖、万历时期景德镇民窑风格。由于"南澳Ⅰ号"发现大量重笔浓墨、装饰草率的漳州窑青花瓷,故判断"南澳Ⅰ号"可能从漳州月港出发。类似的器物组合和风格还见于西沙海域发现的"北礁 3 号"沉船和菲律宾海域发现的"皇家舰长暗沙二号"沉船[1]。

---

[1] 崔勇,黎飞艳,石俊会,等.南澳Ⅰ号明代沉船 2007 年调查与试掘[J].文物,2011(5).

图 3-13　老牛礁沉船出水的景德镇青白瓷

（图片来源：国家文物局水下文化遗产保护中心、中国国家博物馆、福建博物院、福州市文物考古工作队《福建沿海水下考古调查报告（1989—2010）》。）

（五）福建平潭海域"九梁Ⅰ号"沉船

"九梁Ⅰ号"沉船遗址位于福建平潭屿头岛东部的九梁海域东侧，先后于2006年、2008年和2009年进行水下调查，发现成堆的白釉罐和青花瓷，其中青花瓷多为景德镇生产的克拉克瓷，以及大量山水、人物等文人风格浓厚的过渡期瓷器风格，如图3-15所示。器形主要为明末崇祯时期风格。"九梁Ⅰ号"沉船也证明了景德镇瓷器沿闽江水系经福州集散出海的传统路线[①]。

（六）马来西亚海域"万历号"沉船

马来西亚海域打捞的"万历号"沉船船身很小，长度在18米左右，结构具有欧洲设计特征，类似于葡萄牙帆船。打捞出水10吨破碎瓷器，完好的瓷器有几千件，绝大多数是景德镇生产的克拉克瓷，最常见的器形为盘，此外还有碗、葫芦形

---

① 邓启江，曾瑾，周春水. 福建平潭九梁Ⅰ号沉船遗址水下考古调查简报[J]. 福建文博，2010(1).

图 3-14 "南澳Ⅰ号"出水的景德镇青花瓷

(图片来源:陈冲《沉船所见景德镇明代民窑青花瓷》。)

瓶、罐、盖盒等,如图 3-16 所示。沉船中还出水了雕刻有天主教十字架的象牙和两个葡萄牙家族徽章的方瓷瓶碎片。由于发现了带有天启年间(1621—1627 年)过渡期风格的器物,考古人员推测其沉船时间为天启年间[1]。

---

[1] 刘越.曾经沉睡海底的瓷珍——"万历号"和它的"克拉克瓷"[J].紫禁城,2007(4).

图 3-15 "九梁Ⅰ号"沉船出水的景德镇青花瓷瓶残片

(图片来源:丁见祥、陈浩、羊泽林《海坛海峡九梁Ⅰ号沉船调查新收获》。)

四、清代的沉船考古发现

(一)南海海域的哈彻号沉船

20 世纪 80 年代,英国人迈克·哈彻(Michael Hatcher)在南海海域,距印尼宾坦岛(Bintan)12 海里处发现一艘中国平底帆船,打捞出水 2.5 万余件中国瓷器,其中景德镇青花瓷占绝大多数,包括大量明末万历、天启时期的克拉克瓷以及大量过渡期或转变期的文人风格装饰瓷,器形风格具有康熙时期的风格,如图 3-17

第三章 景德镇陶瓷出口贸易的历史变迁 57

图 3-16 "万历号"沉船出水的景德镇青花瓷

(图片来源:陈冲《沉船所见景德镇明代民窑青花瓷》。)

所示。根据船上出水器物风格及瓷器上的"癸未"年款,可以推测沉船时间为 1643 年前后[1]。

---

[1] Sheaf C, Kilburn R. The Hatcher porcelain cargoes: The complete record[M]. Oxford: Phaidon, Christie's Limited Press, 1988.

图 3-17　哈彻号沉船出水的景德镇青花瓷

(图片来源:陈冲《沉船所见景德镇明代民窑青花瓷》。)

(二) 福建平潭"碗礁一号"沉船

"碗礁一号"沉船遗址发现于福建平潭屿头岛附近海域,埋藏在水深约 14 米的海底。出水瓷器 1.7 万余件,主要以青花瓷为主,如图 3-18 所示。从器物特征和装饰风格来看,基本上都是清代康熙中期的景德镇民窑产品,器形多样、制作规整、造型优美。青花装饰题材多样,包括中国瓷器上的大部分传统装饰纹样,如山水楼台、草木花卉、珍禽瑞兽、人物故事等①。

---

① 碗礁一号水下考古队.东海平潭碗礁一号出水瓷器[M].北京:科学出版社,2006.

图 3-18 "碗礁一号"出水的景德镇青花瓷

(图片来源:碗礁一号水下考古队《东海平潭碗礁一号出水瓷器》。)

(三)越南海域"头顿号"沉船

"头顿号"沉船因靠近越南头顿省槟榔岛,又被称为"槟榔沉船"。回收货物包括4.8万多件陶瓷器,主要以青花瓷为主,为康熙时期景德镇民窑产品,如图3-19所示。这批青花瓷器上虽有景德镇传统装饰题材,但更多地呈现出异域特色,如足节高足杯、铃铛杯、筒形杯、单柄盖罐、灯笼瓶、收腹盖瓶等,具有典型的欧洲风格。纹饰中有明显来自西方的西洋宫苑景。青花多使用开光技法,且往往采用不规则开光、多边形开光、曲线开光等方式,体现了我国外销瓷生产中来样订货的模式①。

图3-19 "头顿号"沉船出水的景德镇青花瓶

(图片来源:吴伟峰、谢日万、范国君《海上丝绸之路遗珍——越南出水瓷器》。)

(四)肯尼亚蒙巴萨沉船

蒙巴萨沉船是一艘葡萄牙军舰,康熙三十六年(1697年)沉没于肯尼亚蒙巴萨耶稣堡前的港湾。蒙巴萨沉船出水各类瓷片238片,代表69件瓷器个体,其中景德镇青花瓷占比53.6%,五彩瓷器占比13%,如图3-20所示。蒙巴萨沉船出水的瓷器主要以日用陶瓷为主,可明显分为精、粗两类。瓷器的总体面貌及品质均略逊色于荷兰东印度公司运送的瓷器,这说明荷兰东印度公司控制了这一时期景德

---

① 吴伟峰,谢日万,范国君.海上丝绸之路遗珍——越南出水瓷器[M].北京:科学出版社,2009.

镇高端瓷器的货源,葡萄牙人已丧失了在印度洋上贸易的主导权①。

图 3-20　蒙巴萨沉船出水的景德镇民窑青花瓷

(图片来源:秦大树、徐华烽、默罕默德·玛初拉《肯尼亚蒙巴萨塔纳号沉船出水的中国瓷器》。)

(五) 越南金瓯沉船

越南金瓯沉船位于越南金瓯省沿海,出水陶瓷绝大多数为景德镇青花瓷,还有少量的广东民窑产品,如图 3-21 所示。器形既有中国传统风格,也有专门适用欧洲人生活方式的日用器具。沉船出水瓷器中发现了"大清雍正年制"款,结合瓷器的胎釉特征,可知沉船年代为清代雍正时期(1722—1735 年)。从沉船上出现的广州民窑产品,可以说明其出发城市很有可能是广州②。

(六) 瑞典"哥德堡号"沉船

瑞典"哥德堡号"沉船于 1745 年在从广州返航的途中不幸在哥德堡附近触礁沉没,船上共装载六七十万件中国瓷器。至沉没起,经历数次打捞,共出水 2.5 吨瓷片,完整陶瓷数百件。主要包括青花瓷、内青花外酱釉的巴达维尔瓷器,另有 10.5% 的器物为中国仿日本瓷器产的中式伊万里瓷,如图 3-22 所示。出水瓷器的器形主要以日用餐饮用具为主,既包括盘、碗、碟等传统中国器物,又包括牛奶壶、

---

① 秦大树,徐华烽,默罕默德·玛初拉.肯尼亚蒙巴萨塔纳号沉船出水的中国瓷器[J].故宫博物院院刊,2014(2).
② 吴伟峰,谢日万,范国君.海上丝绸之路遗珍——越南出水瓷器[M].北京:科学出版社,2009.

图 3-21　金瓯沉船出水的景德镇青花瓷

(图片来源:吴伟峰、谢日万、范国君《海上丝绸之路遗珍——越南出水瓷器》。)

水罐等西方器形。纹饰以中国风格为主,包括山水风景图案等。

(七) 荷兰东印度公司的"哥德马尔森号"沉船

荷兰东印度公司的"哥德马尔森号"于 1752 年从广州返回荷兰途中触礁沉没于南海海域。1984 年曾打捞出水超过 15 万件瓷器,绝大多数来自景德镇,只有近千件是来自华南窑口的粗瓷。产品主要包括青花瓷、内青花外酱釉的巴达维尔瓷器、中式伊万里瓷器。器形既有中式传统式样的茶杯、茶壶、碗、盘,如图 3-23 所示,又有欧洲式样的牛奶罐、黄油碟、啤酒杯等成套餐具。[①]

(八) 英国东印度公司"格里芬号"沉船

英国东印度公司"格里芬号"于 1761 年从广州返航伦敦途中沉没于菲律宾南部和乐岛福建。1985 年,菲律宾国家博物馆和法国环球第一打捞公司合作对"格

---

① C Jörg C J A. The Geldermalsen: history and porcelain[J]. (No Title), 1986.

第三章 景德镇陶瓷出口贸易的历史变迁 63

图 3-22 "哥德堡号"沉船出水的景德镇青花瓷和茶壶

（图片来源：刘淼、胡舒杨《沉船、瓷器与海上丝绸之路》。）

图 3-23 "哥德马尔森号"沉船出水的景德镇青花松石套杯

（图片来源：刘淼、胡舒杨《沉船、瓷器与海上丝绸之路》。）

里芬号"进行了打捞,共出水瓷器 7000 余件。出水瓷器主要以青花瓷为主,如图 3-24 所示,也有中式伊万里瓷,粉彩、墨彩及具有中国风格的人物和动物瓷塑①。

图 3-24 "格里芬号"沉船出水的景德镇青花花卉纹碗

(图片来源:王平《试论 18 世纪中期的中国外销瓷——以三艘沉船为例》。)

(九) "戴安娜号"沉船

1994 年,在马六甲海峡打捞起来的清嘉庆年间的"戴安娜号"沉船共出水 23 万件陶瓷器,绝大多数是华南窑口所产的大批质地粗糙的青花碗碟及素胎粗陶,仅有少量带有中国山水图画的柳树纹样的成套景德镇青花餐具、广彩纹章瓷及釉陶雕塑,如图 3-25 所示。由此可见,欧洲对高档景德镇瓷器的需求减少,对粗瓷的需求增加②。

图 3-25 "戴安娜号"沉船出水的景德镇青花瓷盘

(图片来源:周世荣、魏止戈《海外珍瓷与海底瓷都》。)

---

① 中国古陶瓷学会.外销瓷器与颜色釉瓷器研究[M].北京:故宫出版社,2012.
② 周世荣,魏止戈.海外珍瓷与海底瓷都[M].长沙:湖南美术出版社,1996.

第三节 景德镇陶瓷出口贸易的演变规律

一、景德镇陶瓷出口贸易的演变

从沉船资料看,景德镇窑口自宋代起就开始频繁对外出口瓷器,历经宋、元、明、清四个朝代。虽然文献记载景德镇唐代时瓷业生产已经初具规模,所产白瓷因制作精良,已经成为全国瓷器中的翘楚、皇家贡品,但相比长沙窑瓷、越窑青瓷、北方白瓷等,景德镇白瓷出口所占比重不多,究其原因,可能是其身处内陆地区,对外交通不便所致。

至宋代,景德镇瓷业生产规模进一步扩大,其所产青白瓷深受国内外消费者喜爱,"当时则效,著行海内",并在广东、福建、广西等窑场形成了一个以景德镇为中心的青白瓷系。与唐代相比,这一阶段景德镇瓷出口比重明显增加,在印尼鳄鱼岛(Pulau Buaya wreck)宋代沉船、西沙"华光礁Ⅰ号"沉船、广东"南海Ⅰ号"沉船及日本奄美大岛仓木崎海底沉船等遗址均有景德镇青白瓷的出水记录,以及效仿景德镇青白瓷的广东窑场和福建窑场的青白瓷出水记录。这些出水记录见证了景德镇青白瓷在宋代对外出口的历史。从出口规模来看,这一时期景德镇的青白瓷对外出口所占比重并不高,低于广东窑场和福建窑场的青白瓷。由此可以推断,区位因素是影响景德镇瓷对外出口的主要因素之一。

元代中后期,景德镇瓷在制瓷原料和工艺上均实现了重大突破,不仅发明了瓷石加高岭土的二元配方,还先后成功烧制了青花、釉里红和青花釉里红瓷器,开创了白瓷彩绘时代。在技术创新、产品创新及制度创新(浮梁磁局的设立)的推动下,景德镇瓷对外出口规模较两宋时期有了较为显著的增长。这一点可以从韩国新安海底沉船、西沙群岛"石屿二号"沉船及福建漳浦沙洲岛沉船等遗址的出水器物中得到证实。这些元代沉船中均发现大量景德镇青花瓷的出水记录,出水的景德镇青花瓷占沉船出水器物总量的一半以上,与其他出水器物相比,景德镇青花瓷器形种类更为丰富、制作更为精细且美观大方。

明代初期,为了防御倭寇侵入,明政府开始实施严格的海禁政策并于1370年颁布了"片板不能入海"的政令,禁止沿海军民私通海外。与此同时,明政府积极发展朝贡贸易,鼓励海外诸国入明朝贡。在海禁政策和朝贡体制的影响下,景德镇瓷的对外输出虽仍可继续,但规模十分有限。明代中后期,随着1567年,明朝隆庆帝宣布解除海禁,推行了近200年的明代海禁政策有所松动,景德镇瓷的出口规模也随之扩大,大量的青花瓷开始涌向海外。这一时期,考古发现的出水物中含有景德镇瓷的沉船数量也明显增加,从菲律宾巴拉望海域的利纳(Lena)明代沉船、文莱海域明代沉船、福建平潭老牛礁沉船、广东"南澳Ⅰ号"沉船、福建平潭海域的"九梁Ⅰ号"沉船遗址及马来西亚海域"万历号"沉船遗址中均出水大量具有景德镇典型民窑风格的青花瓷、克拉克瓷及文人风格的过渡瓷。与同期出水的漳州窑瓷相比,景德镇瓷的纹饰多样、风格丰富、制作精良,是当时外销瓷中的主流产品。

明末清初,南明抗清、三藩之乱及清军与吴三桂等势力的拉锯战均涉及景德镇。由于遭到数次战争摧残,景德镇瓷业逐渐萧条,出口数量减少。康熙初年,迁海政策、海禁政策的实施,更是导致景德镇瓷在东南沿海的外销路线全线中断,瓷器出口严重受挫,这一情况一直持续到1684年清朝开海。海禁一开,景德镇瓷的生产和出口迅速进入新高峰阶段。这一时期沉船的数量也远超中国历史其他时期。从南海海域的哈彻号沉船、福建平潭"碗礁一号"沉船、越南海域"头顿号"沉船、肯尼亚蒙巴萨沉船及越南金瓯沉船等遗址的出水记录来看,各遗址均出水了大量的景德镇瓷,部分沉船出水陶瓷器物甚至高达数万件,远超其他时期的出水器物规模。

18世纪,封建社会由盛转衰,加之封建统治者实施的闭关锁国政策,致使景德镇瓷的质量和产量均不断下降。面对欧洲、日本等地制瓷业的兴起及竞争,景德镇瓷的出口竞争力逐渐下滑,对外出口规模急剧萎缩,这一点可以从"戴安娜号"沉船出水瓷器中得到印证。西方瓷器不仅在国外市场上与景德镇瓷器展开竞争,甚至开始抢占国内市场,这对景德镇瓷业产生了巨大威胁。20世纪初,洋瓷基本占领了北京、天津、上海、武汉等大城市及各个繁盛商埠。1927年至1930年,每年经海关输入的国外瓷器超过 200 万海关金①。甚至部分时期景德镇还出现国外瓷器倾销现象,贸易活动首次由出超转为入超。

二、景德镇陶瓷出口产品结构的变迁

与长沙窑、越窑、龙泉窑和漳州窑等其他窑址的出口历程相比,景德镇窑是唯一一个历经宋、元、明、清四个朝代,经久不衰并持续出口的窑场,这主要归因于景德镇陶瓷历经千年不断推进技术创新和产品创新。对于景德镇而言,创新是景德镇窑场发展的根基,也是景德镇陶瓷长盛不衰的重要源泉。从沉船考古资料中不难看出,景德镇外销瓷的品种、器形及装饰纹饰等方面均呈现出不断变化的趋势。

从印尼鳄鱼岛(Pulau Buaya wreck)沉船、西沙"华光礁Ⅰ号"沉船、广东"南海Ⅰ号"沉船、日本奄美大岛仓木崎海底沉船等宋代沉船考古发现可见,北宋末年至南宋年间,景德镇陶瓷出口主要以青白瓷为主,器形主要涉及碗、瓶、盒等传统陶瓷器物。

从韩国新安海底沉船、西沙群岛"石屿二号"沉船遗址、福建漳浦沙洲岛元代沉船等元代沉船考古发现可见,元代末年,景德镇陶瓷出口品种除了延续宋代的青白瓷,还出现了青花瓷、卵白釉瓷、釉里红瓷等。其中,元代青花瓷是当时较为流行的外销瓷器品种,深受海外消费者的喜爱。器形除了有供中亚、西亚等社会上层人士使用的用进口青料绘制的精美大型瓷器,也有供东南亚地区民间使用的纹饰简洁、疏朗的小型器物,如有褐色装饰的小件青白釉器物,画着折枝菊花纹的青花小罐等。

从菲律宾巴拉望海域的利纳(Lena)明代沉船、文莱海域明代沉船、福建平潭老牛礁沉船等明代中期沉船考古发现可见,明代弘治、正德时期,景德镇陶瓷出口品种仍然以青花瓷为主,但器形上多见大盘、军持、笔盒、执壶、瓶、盖盒等,纹饰包括以缠枝花卉为主,具有典型的伊斯兰风格。这种变化与15世纪至16世纪伊斯兰文化在东南亚的广泛传播息息相关。当时,从东南亚到中东地区都是中国青花瓷输出的主要区域。这一时期,青花瓷的装饰风格出现了由密集繁复向简洁疏朗

---

① 轻工业部陶瓷工业科学研究所.中国的瓷器[M].北京:轻工业出版社,1983.

过渡的趋势。明代嘉庆、隆庆时期,景德镇出口的青花瓷流行吉祥动物(龙、凤、鹿、猴、云鹤、水禽等)、文字配以山石、松木、花果、山水、楼阁等传统纹饰,这一特征可以在广东"南澳Ⅰ号"沉船出水器物上得到印证。这种纹饰与先前的缠枝花卉纹样具有较大差异,是典型适合欧洲市场的纹饰风格,说明适应欧洲新市场的瓷器风格开始出现,欧洲市场对景德镇瓷器的需求逐渐增长。

除青花瓷外,明代晚期景德镇外销瓷还有绘有典型开光装饰的克拉克瓷,这一点可以在福建平潭海域的"九梁Ⅰ号"沉船及马来西亚海域"万历号"沉船中出水的器物中得到证实。克拉克瓷的特点是宽边,以青花瓷居多,在盘、碗的口沿部绘分格及圆形开光的山水、人物、花卉、果实等。这种具有典型意义的克拉克瓷器在16世纪至17世纪的过渡时期大量出现,并在17世纪前半期迅速流行,成为外销欧洲的主要产品。

从哈彻号沉船、福建平潭"碗礁一号"沉船、越南海域"头顿号"沉船、肯尼亚蒙巴萨沉船、越南金瓯沉船、瑞典"哥德堡号"沉船、荷兰东印度公司的"哥德马尔森号"沉船、英国东印度公司"格里芬号"沉船等考古发现可见,清早期景德镇陶瓷出口品种除传统青花器物外,还包括外酱釉、内青花的巴达维亚瓷、仿造日本伊万里的中式伊万里瓷及纹章瓷等。从出水瓷器的器形来看,既有具有中国传统风格的器物,也有专门适应欧洲人生活方式的日用器具,如竹节高足杯,杯身深且高,还有铃铛形及筒形杯,单柄盖罐、大口单柄罐、灯笼瓶、收腹盖瓶、瓜形腹高颈瓶、洗口瓶、筒身花觚、奶油碟、啤酒杯、艳罐、调味罐等。从装饰纹样看,有卷枝番莲纹、折枝藤纹、蔓叶朵花纹、西洋宫苑景等带有浓郁异域特色的纹样明显来自西方。这些特点显示,在这一阶段景德镇外销瓷已进入订单出口时代。

三、景德镇陶瓷出口线路的变迁

自秦汉以来,我国海上贸易日益繁荣,海上航线也随之不断发展和变迁,从汉代的徐闻道、合浦道、交趾道、东冶道到唐宋的广州通海夷道、登州海行入高丽渤海道再到明清贯穿大西洋与太平洋的全球贸易航线,可见对外海洋交通网络日益完善。景德镇地处内陆,群山环绕,陆路运输十分不便,因此陶瓷外销主要依靠境内昌江,以赣江、鄱阳湖水系为枢纽,与国内各地商路相连,融入全球陶瓷贸易网络。从沉船考古资料来看,景德镇陶瓷外销的出口线路大致可分为向东、向东南、向南,以及其他线路。

(一) 向东线路

从景德镇出发,经昌江入鄱阳湖,再溯信江而上至铅山河口,由陆路经浙江衢州、金华,再入富春江顺流而下直达宁波港。这条线路既可以辐射浙江各地,又可以与浙江宁波对外贸易港口的海上瓷器之路相衔接,融入中日、中朝陶瓷贸易网络。

唐代明州港(今宁波港)是对外航运贸易的重要港口,也是政府指定的对外开放的通商口岸之一,与交州港(今越南境内)、广州港、扬州港并称为四大港,与东南亚、波斯湾、北非等地都有直接贸易往来,其中与日本和朝鲜的贸易往来尤为紧密。唐开元年间,日本和宁波之间已有固定航线。宋初,政府在宁波建置市舶司为明州与杭州舶司,其与泉州、广州舶司并称"三路市舶司"。《文献通考》曾记载,"仁宗时,诏杭明广三州置市舶司。海舶至者,视所载十算其一而市其三"。明代中期因倭寇之害,宁波市舶司被禁,停止通海。明万历二十七年(1599年),浙江又恢复市舶司。除传统对日贸易外,也南上福建漳州、泉州等地做欧洲货物的转口贸易,有时也直航吕宋(今菲律宾),进行美洲的转口贸易。

明州港(今宁波港)是景德镇瓷器向东运销日本、朝鲜的重要港口,承担东海航路进出口贸易的门户。从宁波港出发,沿中国近海航行至山东,横跨渤海,到达朝鲜西海岸各港口,再沿朝鲜西海岸南行,则可达日本九州岛。载有大量景德镇瓷器的韩国新安海底沉船及在九州博多港出土的景德镇瓷器,均可证明这条航线的确存在。除此之外,在宁波的东门口码头遗址、义路唐码头遗址、天妃宫遗址、渔浦门遗址、江夏码头遗址、市舶司遗址、市舶库遗址等地也曾出土大量的景德镇青白瓷和卵白釉瓷,也证明了明州港(今宁波港)是景德镇陶瓷对外输出的重要港口。北宋中后期,粤港之间的梅关古驿道年久失修,致使景德镇陶瓷无法通过驿道入粤也无法从广州港向外运销,所以只能北上入明州(今宁波),通过明州(今宁波)运到日本、朝鲜半岛并向南转运至印度洋沿岸国家。清乾隆二十四年(1759年),清政府关闭浙海关,只准广州一口通商,宁波港对外贸易规模急剧缩减。

（二）向东南线路

从景德镇出发,经昌江入鄱阳湖,再溯信江而上至铅山河口镇,经陆路进入闽江,顺江而下出闽江口入东海。这条线路既可以辐射福建各地,又可以与福建沿海城市福州、厦门、漳州、泉州等对外贸易港口的海上陶瓷之路相衔接,融入东南亚陶瓷贸易网络。《安海志》记载:瓷器自饶州(今景德镇)来,福建乡人由福州贩而之安海,或福州转入月港(今漳州),由月港而入安海。近来月港窑仿饶州而为之,稍相似而不及其雅。由此可见,景德镇瓷器沿闽江水系经福州集散出海的传统路线,一直由宋元时期延续到明清时期。

泉州也是宋元时期闻名世界的港口,位于福建省东南的晋江入海口北岸。五代时,留从效据闽,发展海外贸易,在泉州拓建城垣,环城遍植刺桐树,故有刺桐城之称,简称桐城。泉州,秦代属闽中郡,汉代属会稽郡,唐代名晋江县,后置泉州,治所在晋。宋代继承唐代建制,仍称泉州。北宋神宗元祐二年(1087年)置市舶司于泉州。元改泉州路,与浙江的庆元路一样,是州府建置。它管辖的范围很广,包括今晋江流域、澎湖群岛及厦门市、泉州市金门县等区域。明清两朝改称泉州府。泉州港包括泉州湾、深沪湾、围头湾和安平港等区域,而以泉州湾为主。泉州湾中的后渚港,背山面水,港道深广,是泉州港的主要泊所。南宋迁都杭州后,统治中心移驻东南,泉州港、宁波港和杭州港海道相通,地理上较广州更为方便。南宋绍兴末年,泉广两地外贸收入约二百万贯,各占一半,约占当时南宋全国财政收入的百分之十。元代,泉州港较其他港口更占优势。意大利人马可·波罗到泉州曾言,凡印度之贸易船,来泉州入港者甚众,且输入香料及其他高价之物品。泉州港以船舶往来如梭出名。船舶装载商品后运到各地销售。摩洛哥旅行家伊本·白图泰来到泉州表示:"刺桐城诚乃世界最大港之一,或迳称为世界唯一之最大港,也无不可也。余曾目睹大帆船百艘,辐辏其地,至于其他小船,则更不可胜数矣。"随着泉州港的兴起,景德镇瓷大量地销往海外。

泉州与世界上许多国家和地区都有经济贸易往来。据南宋泉州市舶使赵汝适(宋太宗八世孙)记载,与泉州有贸易往来的国家和地区,东起日本,南达南洋,西至印度、阿拉伯、东非海岸四十余国,主要出口瓷器、丝绸等手工艺品。汪大渊的《岛夷志略》中也曾记载,元代通过泉州与中国进行海外贸易的国家和地区就有近百个,瓷器输出地有 44 处,其中绝大多数是景德镇窑所产的青花瓷,外销国遍及东洋、西洋。从西沙"华光礁Ⅰ号"沉船、广东"南海Ⅰ号"沉船及日本奄美大岛仓木崎海底沉船等遗址考古发现不难看出,宋元时期泉州是景德镇瓷器对外输出的主要线路之一。明代中期以后,由于腐朽势力日趋上升,主禁派渐居上风,泉州海外贸易规模与宋元时期的辉煌相比,呈明显下降趋势。清初,因郑成功据台而迁界禁海,闻名世界的泉州港,也终因淤塞日趋严重而无法通航,景德镇瓷器的外销逐渐向广州港开始转移。

(三) 向南路线

从景德镇出发,经昌江入鄱阳湖、赣江,在大余南安大码头上岸,翻越梅关古道后进入广东北江水系,到达佛山。这条线路既可以辐射广东各地,又可以与广州等对外贸易港口的海上瓷器之路相衔接,融入亚欧陶瓷贸易网络。

由于海外贸易的发展,我国自唐代起就已开辟从广州出发经南海到波斯湾的航线,这条海道,唐人称为广州通海夷道。据《广州通海夷道》记载:广州东南海行二百里,至屯门山(今大屿岛),乃帆风西行二日,至九州石(今海南省文昌市东北七洲列岛)。又南二日至象石(今海南岛东南海域独珠石)。又西南三日行,至占不劳山(今越南岘港东南),山在环王国(今越南中部)东二百里海中。又南二日行至陵山(今越南以北的燕子岬)。又一日行,至门毒国(今越南归仁)。又一日行,至古笪国(今越南芽庄)。又半日行,至奔陀浪洲(今越南藩朗)。又两日行,到军突弄山(今昆仑岛)。又五日行至海峡(今马六甲海峡),蕃人谓之质,南北百里,北岸则罗越国(今马来半岛南端,新加坡附近),南岸则佛逝国(今印度尼西亚苏门答腊岛东南部)。佛逝国东水行四五日,至诃陵国(今爪哇岛),南中洲之最大者。又西出峡,三日至葛葛僧祇国(今伯劳威斯群岛),在佛逝西北隅之别岛,国人多钞暴,乘舶者畏惮之。其北岸则箇罗国(今马来半岛西岸的吉打),箇罗西,则哥谷罗国(今克拉地峡西南海岸)。又从葛葛僧祇四五日行,至胜邓州(今苏门答腊岛北部海岸棉兰之北的日里附近)。又西五日行,至婆露国。又六日行,至婆国伽蓝洲(今尼科巴群岛)。又北四日行,至师子国(今斯里兰卡),其北海岸距南天竺(今印度)大岸百里。又西北四日行,经没来国(今印度西南角喀拉拉邦的奎朗港),南天竺之最南境。又西北经十余小国,至婆罗门(今印度)西境。又西北二日行,至拔旭国(今孟买以北的布罗奇)。又十日行,经天竺西境小国五,至提旭国(今印度河口以西卡拉奇略东)。其国有弥兰大河(今印度河),一曰新头河,自北渤昆山来,西流至提旭国北,入于海。又自提旭国西二十日行,经小国二十余,至提罗卢和国(今伊朗阿巴丹),一曰罗和异国,国人于海中立华表,夜则置炬其上,使舶人夜行不迷。又西一日行,至乌剌国(今奥波拉),乃大食国之弗利剌河(今幼发拉底河),南入于海。小舟泝流,二日至末罗国(今巴士拉),大食重镇也。又西北陆行千里,至茂门王都缚达城(今巴格达)。自婆罗门南境,从没来国至乌剌国,皆缘海东岸行;其西岸之西皆大食国(今阿拉伯)。广州通海夷道海道不仅可达波斯湾,还可以深入到红海和东非地区。唐人贾耽把从广州到巴士拉港的航路称之为东航路;而把阿拉伯半岛沿岸乃至西丁湾、红海航道称之为西航路。"广州船舶往诸番,出虎头门,始入大洋,分东西二路,东洋差近,西洋差远。"①同时,广州也有通往日本、朝鲜的航线,利用西南信风,向东北航行。

广州港是我国历史上资格较深,历代相沿且未衰的对外贸易港口,是通往占城(今越南中、南部)、暹罗(今泰国)、西洋诸国(今文莱以西的东南亚和印度洋沿岸地区)的朝贡港,在很长时间内垄断了西洋、南洋航线上的朝贡贸易。嘉靖二年(1523年),明政府废除闽、浙市舶司,俱在广州,设市舶司领之②。康熙二十三年(1684年)废除海禁,在广州、漳州(雍正六年即1728年移厦门)、宁波、云台山分别设置粤、闽、浙、江海关。乾隆二十二年(1757年),清政府因英国商人洪仁辉事件再度关闭了闽、浙、江海关,乾隆下旨嗣后口岸定于广东,洋船只准许在广东收泊贸易。广州一口通商后,清政府允许外国人在广州开设贸易机构,法国、英国分别于1699年、1714年在广州设立商馆。随后,荷兰、丹麦、瑞典等国家也于雍正年间纷纷在广州设立商馆,经营瓷器、丝织品、茶叶等中国商品。广州以环中国海第一港市的地位长期垄断西洋、南洋与亚欧航路贸易,直到鸦片战争后的五口通商。

作为我国经久不衰的对外贸易港口,广州港自然也成为景德镇瓷器外销较为重要的黄金口岸。葡萄牙传教士克鲁兹在《中国志》中描述了当时广州市场瓷器

---

① 顾炎武.天下郡国利病书[M].上海:上海古籍出版社,2012.
② 张廷玉.明史[M].北京:中华书局.1974.

销售的场景:瓷器有极粗的,也有极细的;有的瓷器公开售卖是非法的,因为只许官员使用,那是红色的和绿色的、涂金的及黄色的。这类瓷器仅少量在偷偷地出售。商人的大街是最主要的大街,两侧都有带顶的通道。尽管这样,最大的瓷器市场仍在城门,每位商人都在店门挂一块牌子写明他店内出售的货物。景德镇瓷器运往广州港需越过大庾岭,经南雄—赣州道。大庾岭又称梅岭,此道也被称为梅关古道。1794年范罢览副使率领荷兰使团进京途中,在大庾岭曾目睹众多的中国苦力挑着瓷器担子艰难地翻山①。瑞典隆德大学图书馆收藏的一套50幅的瓷器烧造图描绘了景德镇瓷器从采集原材料到装运出洋的整个制作过程。其中,四十一至四十二册,形象地描绘了瓷器从景德镇通过水陆联运抵达佛山瓷器行的过程;四十四至四十六册描绘的是瓷器从佛山经北江水陆运抵广州口岸。整个运输过程中要经过几个关口,地方政府设关收税,包括设在赣县及韶州(今韶关)的关口等,再经由英德、西江驿,到达佛山,最后进入广州的西关地区。

(四) 其他路线

从景德镇出发,经昌江入鄱阳湖、出湖口进入长江,溯江而上,可以到达湖南、湖北、四川等地;顺江而下,可以到达安徽、江苏、上海等地;进入京杭大运河,可以到达淮河、黄河、海河等流域。向东可以与扬州、南京等港口相接;向西可以与陆上丝绸之路相接;向北可以与草原皮毛之路相接,融入全球陶瓷贸易网络。

丝绸之路泛指从长安(今西安)出发,经河西走廊,入新疆逾葱岭(今帕米尔高原),直达地中海区域,横贯欧亚的一条国际大商道,全长一万余里。丝绸之路全长可以分为三段:第一段是从长安到敦煌,这也是丝绸之路的本源段,是通西域的咽喉,历来为兵家必争之地。历史经验证明,得河西走廊则西域通、失河西走廊则西域阻。第二段是从敦煌出阳关或玉门关去新疆境内的南北道。丝绸之路在汉时分为南北两道。据《汉书·西域传》,自玉门关、阳关出西域有两道:从鄯善,傍南山北、波河西行,至莎车为南道,南道西逾葱岭则出大月氏、安息。自车师前王庭(今吐鲁番),随北山、波河西行至疏勒(今喀什)为北道。北道西逾葱岭则出大宛、康居、奄蔡(今黑海、咸海间)。南北道的分水岭是敦煌郊外的二座关卡:一是

---

① 钱江.十七至十八世纪中国与荷兰的瓷器贸易[J].南洋问题研究,1989(1).

阳关去南道；二是玉门关去北道。南北两道中隔塔里木盆地和塔克拉玛干大沙漠，气候干燥，风沙横飞，商旅长途跋涉，备受艰辛。第三段是逾葱岭以西的国外段。此段地域辽阔，涉及阿富汗、巴基斯坦、伊朗、土耳其、伊拉克、叙利亚、埃及、意大利等国。丝绸之路国外段比较复杂，往往此通彼阻，甚至全段阻塞，有时又畅通无阻。除丝绸之路外，对外贸易还有几条边境陆道，即东北去朝鲜道，华北经内蒙古去蒙古国、西伯利亚道，滇缅去东南亚道，广西去越南道。

由于瓷器笨重且易碎，不太适宜于陆上运输，所以通过陆上丝绸之路运输景德镇瓷器的数量极其有限。元代时期，由于西北地区为元之藩属的四大汗国统治，路上运输路线更加安全、便捷，因此景德镇青花瓷器也曾短暂地出现在陆上丝绸之路。这一点在土耳其伊斯坦布尔托普卡帕宫博物馆和阿德比尔清真寺收藏的精美青花大盘，以及集宁路窖藏等考古发现中得到证实。当时元青花外销的陆路路线大致有两条：一条是自元大都西北去，经宣德(今河北宣化)循木邻驿道抵达和宁(今哈拉和林)，再向西北今蒙古国察干乌拉东南，俄罗斯科切托夫、克孜尔，穿过西伯利亚南部进入欧洲；另一条是自元大都西行经宣德，抵大同，西过丰州(今呼和浩特附近)，宁夏府路(今银川)，到甘州(今张掖)；南过冀宁(今太原)、晋宁(今临汾)达奉元路(今西安)；自和宁西行或西南行分别到哈密力(今哈密)、阿里麻里(今霍城)。以上两路与丝绸之路衔接，终汇于喀什，再西行至中亚、西亚各国。在今新疆霍城出土的元青花双凤纹高足杯、元青花凤首扁壶，正是通过陆路运输到此。

四、景德镇陶瓷出口市场的变迁

景德镇陶瓷自唐、五代时期就开始以商品面貌通过海路远销海外，在宋元时期逐渐成为出口大宗商品，成为当时较流行的外销瓷品种之一。宋代，景德镇青白瓷远销东亚、东南亚地区。从宋代沉船所在区域对应的航线来看，日本、朝鲜等东亚地区是景德镇青白瓷的主要出口市场，东南亚地区所占比重较少。

元代，景德镇瓷器的外销规模和外销区域明显扩大，除传统的东亚市场外，景德镇元代小件褐斑装饰的青白瓷和小件青花瓷器开始出口至菲律宾和印度尼西亚等地区，卵白釉瓷则在东南亚、南亚、东北非及中南非等地都有出土，至正型青花瓷则在北印度、中东、波斯湾北岸、阿拉伯半岛南部、东北非等地均有大量发现①。可见这个时期景德镇瓷器外销几乎遍及东亚、东南亚及东北亚各个国家。另外,这一时期瓷器器形也丰富多样,既有碗、碟、杯、瓶、壶等普通的日常生活用具,也有一些特殊的器形,比如军持、印文盒等具有外来文化色彩的器物。

明代初期,景德镇陶瓷随着朝贡贸易和郑和七下西洋通过赏赐、交换等方式输出到东南亚各国。这一时期,作为中国和东南亚多边贸易关系中介的琉球王国(位于今中国台湾岛和日本九州岛之间),对景德镇陶瓷产品的输出起到了重要的转运作用。明中期,西方进入大航海时代,从这一时期的沉船资料可见,葡萄牙商船、西班牙商船及荷兰商船均到达过东亚海域,加入传统的亚洲陶瓷贸易网络之中,陶瓷贸易格局发生了巨大变化,欧洲市场成为景德镇青花瓷外销的主要市场。

明清交替之际,东亚海域的陶瓷贸易格局发生改变。1644 年,明朝灭亡,清朝建立,国内战乱殃及景德镇,致使景德镇瓷器产量下降,加之清朝初期采取的海禁及迁海政策,兴盛的景德镇瓷器外销至欧洲的正常途径被迫中止,欧洲商人转而向日本有田窑购置瓷器。随着海禁政策的放开,景德镇瓷器再次大量输入欧洲,其出口规模进入新高峰。保守估计,在 18 世纪,输入欧洲的中国瓷器在 6000 万件以上②。

18 世纪晚期,欧洲盛行的中国风瓷器逐渐衰退,加之经过几个世纪的持续销售,欧洲市场几近饱和。随着欧洲本土陶瓷制造业的发展,其对景德镇陶瓷的需求也随之缩小,这一点可以从"戴安娜号"沉船出水瓷器中得到印证。

此时,美国市场的出现与扩大,在一定程度上推动了景德镇外销瓷的再次发展。1784 年 8 月,美国商船"中国皇后号"在格林船长指挥下从纽约首航到中国广州,并于 12 月满载中国货物返航,其中包括瓷器 962 担。该船于 1786 年再度远航广州,又运走了大量瓷器,包括青花瓷、瓷塑观音像、瓷塔等。此后,景德镇瓷器成为美国进口的主要中国商品,源源不断被运到美国。当时经营景德镇瓷器进口的主要港口有塞勒姆、波士顿、普罗维登斯、纽约和费城,其中,尤以纽约较为著名,

---

① 刘淼,胡舒杨.沉船、瓷器与海上丝绸之路[M].北京:社会科学文献出版社,2016.
② 夏鼐.瑞典所藏的中国外销瓷[J].文物,1981(5).

是美国销售中国瓷器的集散中心。纽约苏瑞记公司是经营景德镇瓷器的大商行，每年销售额约 10 万元。据不完全统计，从 1784 年至 1833 年，约有 1040 艘美国商船到中国进行贸易，1834 年至 1846 年每年亦有三四十艘美国商船来华。这一时期的中美贸易主要在广州进行，直航贸易后美国很快在广州开设了商馆。中美瓷器贸易虽然比欧洲各国晚，但其进口量迅速超过欧洲国家①。

---

① 彭明翰.郑和下西洋·新航路开辟·明清景德镇瓷器外销欧美[J].南方文物,2011(3).

第四章 景德镇陶瓷竞争优势的形成及构成要素

在中国众多窑口中,为什么偏居江南一隅的景德镇会脱颖而出,成为举世瞩目的"瓷都",形成"匠从八方来,器成天下走"的局面?为何景德镇能够在明清两代长期在世界陶瓷贸易网络中占据主导地位,而曾经风靡一时的越窑青瓷、龙泉青瓷、长沙窑瓷等窑址却无一例外地被淹没在历史的尘埃中?其实,这些问题的本质是在探究景德镇陶瓷产业的产业竞争力,乃至于国际竞争力是如何形成的,以及这些竞争力是如何维持的。

第一节 景德镇陶瓷竞争优势的形成

纵观景德镇瓷器出口规模、商品结构、主要目标市场及贸易网络的变迁,可以发现对外贸易政策的变动及景德镇陶瓷产品自身品质的变化是景德镇陶瓷出口历程变迁的主要原因。

在中国两千多年来中央集权的历史长河中,历代政府的对外贸易总体上以自由的对外开放政策为主,海禁等对外贸易政策主要是出于政治、军事等原因不得已而采取的。相比对外开放政策,海禁政策历时较短,仅在明代初期至中期(1368—1567年)及清代初期至康熙二十三年(1655—1684年)间短暂地出现。在严厉的海禁时期,景德镇瓷器在东南沿海的销路全部中断,仅靠着走私活动得以小规模地销往东南亚等地。与此相比,在17世纪瓷器贸易的全盛时期,景德镇瓷器年均出口量可达50万担以上。由此可见,相对自由的对外贸易政策是景德镇瓷器畅销海外的主要保障。

而高额的贸易利润则是推动景德镇瓷器源源不断走出国门的主要动力。《大明会典》记载南洋物产番货价:肉荳蔻,每斤五百文;大枫子,每斤一百文;血竭,每斤十五贯;沉香,每斤三贯;丁香,每斤一贯;降真香,每斤五百文;苏木,每斤五百文。而我国青花瓷器的价格是:青花白瓷盘,每个五百贯;碗,每个三百贯;瓶,每个五百贯;酒海,每个一千五百贯。一个青花碗可以换取100斤沉香,可见利润之丰厚。明代后期,由于景德镇瓷器供不应求,瓷器商人乘机抬高了精品瓷器的价格,有"数盂而值一金",有一器值"数金",甚至"十数金"①。与内销价格相比,外销价格更高,贸易利润最高时可以达到200%,而丝绸的利润率最高才达150%。高额的贸易利润为景德镇制瓷业的发展和出口提供了足够的激励。

景德镇瓷器的高额利润主要源自产品自身的技术垄断优势。在17世纪西方国家还未掌握瓷器制作的奥秘前,景德镇瓷器的竞争优势来源于其高超的制瓷工艺和永不止步的工艺创新。早在唐代,景德镇还是一个偏居江南的小窑场,在其他南方窑场纷纷生产青瓷的时候,景德镇勇于创新,另辟蹊径生产白瓷,成为南方较早烧造白瓷的窑场,并因白瓷的较高成就奠定了自己的地位。宋元时期,景德镇又积极借鉴和吸收了定窑的覆烧技术、德化窑的佛像雕塑工艺及吉州窑的釉下彩工艺,并将这些工艺和技术与景德镇传统的薄胎青白釉技艺融合在一起,最终创烧制出举世闻名的元青花瓷。明代,景德镇继续吸收磁州窑的釉上红绿彩工艺,并发展了具有景德镇特色的釉上矾红彩、青花斗彩、五彩等多种新的装饰方式。与此同时,景德镇不仅没有故步自封、夜郎自大,还积极学习海外不同国家的艺术风格和产品长处。例如,借鉴伊斯兰陶器造型和装饰风格,烧制出双耳扁瓶、双耳折方瓶等异型器形及带有伊斯兰装饰纹样的瓷器。清代,景德镇在借鉴欧洲玻璃制品造型的基础上,烧制出广口花瓶、带柄茶杯等造型的瓷器。西方立体素描技艺及西洋透视法等绘画技艺陆续被景德镇吸收、应用,成为景德镇陶瓷的重要装饰技艺,促使其烧制出大批满足欧洲消费者偏好的克拉克瓷、纹章瓷等。由此可见,景德镇瓷器外销的全盛时期,正是景德镇制瓷业的巅峰时代。这一时期,景德镇不仅在工艺水平和器物造型上是空前绝后的,而且还广采博收外来文化精华,不拘一格、大胆创新,最终促使其在制瓷方面获得垄断竞争优势。

但这种垄断竞争优势也随着产品生命周期的变化而发生了变化。17世纪,随

---

① 宋燕辉.明代后期景德镇瓷业中资本主义萌芽的状态[J].南昌大学学报:人文社会科学版,2009(3).

着中国制瓷技艺的外传,越来越多的国家学会瓷器的制造工艺,陶瓷贸易的竞争优势也开始从技术垄断优势转变为成本价格优势。因景德镇可以烧制更好的瓷器,提供更好的定制服务,所以,该时期国内外对景德镇瓷器的需求日益增长。在市场效应的推动下,景德镇制瓷业的整体素质和生产规模也随之提升和扩大,从而率先获得规模经济优势。17世纪中叶,景德镇烧造的瓷器与海禁时期风靡一时的日本伊万里陶瓷相比,不但品质更佳,而且价格更低,其价格仅为伊万里陶瓷的二分之一或三分之一。1794年,由于有人认为挖掘高岭土有伤地脉,高岭土被严禁开采,优质廉价的制瓷原料来源突然被切断,致使景德镇民窑瓷器品质急剧下降,生产成本增加。至19世纪,大部分欧洲国家建立的制瓷工厂已能够成功烧制出适合本国市场的硬质日用瓷,并在工业革命的推动下取得了长足的发展,尤其是采用机械化、标准化生产后,其生产的日用陶瓷品质更佳,成本更具优势。正如长期在澳门生活的瑞典人龙思泰(1759—1835年)所说,瓷器,这种货物现在出口很少,当东方产品最初绕过好望角被运往欧洲时,中国瓷器的价格很高,船运靠它获得巨额利润,但它的制造方法已被查明,欧洲国家开始制造并很快与中国瓷器展开竞争[1]。1810年,英国从瓷器进口国一跃变成瓷器出口国,产品更是远销美洲、中东、北非等地。随着外销市场的逐渐萎缩,景德镇陶瓷的生产也随之衰落,不复往日之辉煌。

除此之外,景德镇陶瓷的高知名度、高品质也离不开政府的强有力支持。历经元代、明代及清代中期,景德镇陶瓷产业一直位居于主导产业之列,得到了政府的支持。特别是景德镇官窑,始终得到政府的强力扶持,每年都获得大量的资金供其研发生产。明正德初,御器厂烧造费用为岁银二万七千两[2]。清乾隆年间,投入瓷业的资金占国库的8%左右,约合一万银两,仅次于军费、储粮费和官吏的俸禄总额[3]。但是,在乾隆之后,尤其是鸦片战争以后,近代军事工业成为清朝政府重点扶持的新兴工业,瓷器在整个国民经济中的地位迅速下降,景德镇官窑所获得的政府资源急剧减少。嘉庆四年(1799年),烧造费用从每年一万两降至七千余

---

[1] 龙思泰.早期澳门史[M].北京:东方出版社,1997.
[2] 刘海龙.论督陶官唐英的陶务管理方略[D].景德镇:景德镇陶瓷学院,2009.
[3] 刘昌兵.景德镇瓷业城市的形成和历史遗存[J].文物世界,2008(3).

两,不久后又降到五千两,比乾隆时期减半。嘉庆十二年(1807年),烧造费用又减半至两千五百两。嘉庆后期,在不断降低官窑拨款的同时,还调整了官窑的管理,不再专门向景德镇官窑派遣督陶官,改由地方官员兼任①。宣统时期(1909—1911年),御窑厂终告寿终正寝。政府对景德镇瓷业生产的不重视及外销市场的逐渐萎缩,是导致景德镇陶瓷产业技术创新停滞不前的重要原因,由于创新资金的投入和产品开发的力度减小,景德镇引以为傲的技术优势逐渐消失。

第二节 景德镇陶瓷出口竞争优势的构成因素——基于钻石模型的分解

1990年,哈佛商学院的迈克尔·波特(Michael Porter)在《国家竞争优势》一书中首次提出国家竞争优势理论,也被称为钻石模型(或菱形模型),该理论系统地分析了一个国家某种产业为什么会在国际上拥有较强的竞争力。波特认为,决定一个国家的某种产业竞争力的因素有四个,即生产要素、需求状况、相关产业和支持产业,以及企业战略、企业结构和竞争对手。波特认为,这四个要素具有双向作用,形成钻石体系。除此之外,在这四大要素之外还存在两大变数,即机遇与政府,如图4-1所示。机遇是无法控制的,政府政策的影响是不可漠视的。

一、生产要素

生产要素是指一个国家在特定的产业竞争中有关生产方面的表现,包括土地、自然资源、人力资源、资本资源、知识资源和基础设施等。瓷器,是水、土、火熔合的产物,其生产离不开水、土、火这三种基本要素。

"莫笑挖山双手粗,工成土器动王都。历朝海外有人到,高岭崎岖为坦途。"诗人陈志岁的这首《景德镇》,形象地描绘了土对于一代"瓷都"景德镇的重要作用。诗中的"高岭"指高岭土,是一种烧制瓷器专用黏土,具有耐高温且可塑性强等特

---

① 余张红.17世纪中期—19世纪中期中西陶瓷贸易[D].宁波:宁波大学,2012.

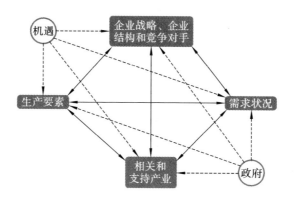

图 4-1　钻石模型

征,盛产于景德镇高岭村,是景德镇瓷器享誉海外的关键因素。从制造工艺上来说,陶器和瓷器都是将土掺水捏成一定形状再高温氧化烧造,但陶器所需的土,几乎随处可见,而瓷器所需的土,却并不常见。景德镇位于江西的东北部,处于黄山和怀玉山余脉与鄱阳湖平原过渡地带。层层叠叠的大小山峰密布全境,山间储藏着丰富的瓷石资源,这些瓷石品相优良,含铁量极低,是生产青白瓷的上乘原料,因而景德镇自古就以"水土宜陶"著称。《景德镇陶录》记载:土白壤而埴质薄腻,色滋润……其器尤光致茂美,当时则效,著行海内。南宋时期,由于上层瓷石濒临枯竭,景德镇瓷业规模整体下滑,瓷器的质量大不如前。此外,单一的瓷石虽然可以烧制成瓷,但是硬度和洁白度远远不够,而且一旦烧制温度超过一定极限,就会发生变形,对于烧造大型瓷器来说,单一瓷石的局限性就出来了。至元代,工匠们在偶然间发现,若是在瓷石中加入一定配比的高岭土,此时烧制出来的瓷器通体洁白如玉,且胎体硬度更高,而且在超过 1200 ℃ 的高温下也不会变形。高岭土的发现和应用,不但解决了南宋末期上层瓷石濒临枯竭的原料危机,而且有效地提高了瓷器的硬度,降低了瓷器的变形率。明代科学家宋应星所著《天工开物》中亦有记载:"一名高梁山,出粳米土,其性坚硬;一名开化山,出糯米土,其性粢软。两土和合,瓷器方成器。"由此开始,景德镇率先实现瓷器的二元配方,而这种演变约比西方早 500 年。

景德镇地处黄山余脉,森林资源广布,截至 2022 年境内植物约有 217 科 788 种。其中,马尾松含脂高,用其劈成的窑柴可烧瓷,且火焰旺、温度高,是烧制瓷器的优质燃料。用马尾松烧出来的瓷器釉面肥嫩、滋润,青花图案犹如瓷面上生长出来的,更加自然生动。大量的松木资源为景德镇烧制瓷器提供了充足的燃料。在明代之前,人们通过就地取材即可获得燃料,大大地节省了运费,提高了景德镇窑场的效益。

仅有土和火显然不够,景德镇陶瓷"行于九域,施及外洋"[①]也离不开水。景德镇境内昌江"上溯祁、婺,下抵鄱、浔,进而连接长江,达于外洋"[②]。千百年来为景德镇瓷业的生产和发展提供了保证,是景德镇陶瓷的生命线。殷弘绪在写给奥日神父的信中介绍昌江"宽阔的水面上形成了一里多长的良港……在这宽阔的水面上,并列着二三排首尾相接的小船……每天都有无数的小船停泊"。明代缪宗周也在《咏景德镇兀然亭》一诗中咏道:"陶舍重重倚岸开,舟帆日日蔽江来。工人莫献天机巧,此器能输郡国财。"昌江水系大小河网交错,为自古以来景德镇"水土宜陶"提供了保障。首先,昌江河为孕育出优质的制瓷原料提供了保障。景德镇山高林密、山水相依、水量充足、气候温和,正是集大自然山水之灵气,孕育蕴藏了丰富优质的制瓷原料,其中可塑性原料、瘠性原料、溶剂原料达四十余种。特别是驰名中外的高岭土,质坚如燧石,条痕如玉石,是制瓷的上等原料,世界咸称高岭土。景德镇东埠的高岭村,就是高岭土的原产地。其次,水量丰沛的昌江为瓷业基本用水提供了保障。"造瓷首需泥土,淘炼尤在精纯",就是要用澄清无杂质的水拌和瓷土做坯,淘洗极精。昌江水质纯清,取之不尽,用之不竭。正是由于昌江的重要性,景德镇古代陶瓷生产作坊也主要位于昌江两岸,其交易也沿两岸分布。再次,昌江为原料粉碎提供了水力保障。昌江中下游,河床稳定、水量充沛。自古以来,昌江两岸的瓷石矿区,悠悠转动的大轮水车随处可见,殷殷如轻雷的水碓声处处可闻,形成了景德镇地区一道独特的风景线。清人郑凤仪《浮梁竹枝词》云:"碓厂和云春绿野,贾船带雨泊乌篷。夜阑惊起还乡梦,窑火通明两岸红。"清代乾隆年间主持重编《浮梁县志》的凌汝绵在他的《昌江杂咏》中说得更真切:"重重水碓夹江开,未雨殷传数里雷。春得泥稠米更凿,祁船未到镇船回。"这里的"泥稠"是指制瓷原料瓷土;"米更凿"指的是春糙米为精米。景德镇瓷工懂得利用天然流水落差为动力,在一些支流上安装大水轮车带动一排排水碓,用以粉碎瓷石,制作瓷

---

① 蓝浦.景德镇陶录图说[M].济南:山东画报出版社,2004.
② 周銮书.景德镇史话[M].上海:上海人民出版社,1989.

土釉果,不仅大大减少了人力耗费,且保证了原料质量,在原料粉碎上起到了特殊作用。最后,昌江为景德镇陶瓷产品的内运、外销,原料、燃料的供应,以及商贾频繁的往来,提供了水上运输的保障。自唐宋以来到20世纪初叶,景德镇的交通运输主要依靠昌江水道。景德镇陶瓷生产的原料、燃料,都是通过昌江及其支流运来景德镇的,陶瓷成品也经由昌江运出。昌江上运输十分繁忙,城区沿河有三洲(黄家洲、西瓜洲、拜天洲)、四码头(许家码头、曹家码头、湖南码头、刘家码头)。每天无数中小船只穿梭往来,许多精品瓷器就是靠昌江上的小型船只驳运,转入长江出海,器行九域,誉满全球。

除了水、土、火这三种基本要素,景德镇陶瓷的生产离不开高素质的人力资源及技术创新等高级要素。《旧唐书》载:"西至关内,东极青齐,南出江淮,北至卫滑,鱼烂鸟散,人烟断绝,荆榛蔽野。"当时横征暴敛、战火四起之下民不聊生的局面,导致了大量北方人民向南方迁徙。在这支浩浩荡荡的南迁队伍中,自然不乏懂得制瓷的能家巨匠。这些手艺人将北方的白瓷制作工艺带到南方后,南方的窑场也开始尝试烧制白瓷。景德镇相对封闭的空间也吸引了大量窑工到此进行瓷业生产,在融合各方瓷业生产技术的基础上,景德镇因白釉瓷和青釉瓷得到了广泛的关注和认可,打破了青瓷在南方的垄断局面,改变了"南青北白"的格局。南宋末年,又有大批吉州窑工逃亡至景德镇,这些工匠对景德镇青花瓷的胎泥配制、钴料的尝试、釉下青花绘制工艺等都有推动作用。元代为保障手工业在技术和规模上的发展创立了匠籍制度,将具有一定陶瓷技术的工匠编成"匠户",并对其加以保护。如史料记载,攻金时"国兵屠许,惟工匠得免",攻破哥疾宁"除工匠免死送蒙古外,余尽歼亡"。元代从西亚地区掠夺来的工匠前后有数十万之多,这些人对于钴料的开采和使用给中原地区的瓷业提供了诸多的借鉴。匠籍制度保证了景德镇陶瓷制作工艺的传承,同时也为景德镇工艺技术的探索和进步注入了新的活力,景德镇元代青花绘制技艺的突破就得益于此。明代基本继续秉承了元代的匠籍制度,但略有改革。《大明会典·工匠二》记载:成化二十一年奏准,轮班工匠有愿出银价者,每名每月南匠出银九钱……北匠出银六钱,到部随即批放。不愿者仍旧当班。轮班匠和住坐匠可以通过纳"班匠银"代役,取消了元代匠籍制度对人身、自由、财产的严格控制,工匠在创作上有了较广阔的天地,调动了工匠的积极性和主动性,推动了景德镇瓷业的发展。

此外,陶瓷行业关键技术人员、民窑业主及督陶官等人也对景德镇瓷业的发展做出卓越的贡献。由于资料的缺失,尚无法详细罗列景德镇陶瓷产业发展各个时期的所有陶瓷行业关键技术人员、民窑业主及督陶官信息,只能列举各个时期具有代表性的人员信息,详见表4-1。

表4-1 历代关键技术人员、民窑业主及督陶官对景德镇陶瓷产业做出的贡献

朝代	姓名	籍贯	主要职业	主要贡献
晋	赵慨	河北邯郸	官员 民窑业主	景德镇陶瓷行业的师祖。将其熟知的越窑青瓷制瓷、烧制技术应用于景德镇,传给当地窑工,使景德镇陶瓷的烧制技艺出现了一个飞跃。明代以后被奉为"师主""佑陶之神"
隋	何稠	西域	工艺家 建筑家 民窑业主	为烧制琉璃,曾在景德镇采办烧制绿瓷的瓷土,经他改进,提高了当时景德镇制瓷的烧窑温度,使之质地坚固,远胜前代
唐	陶玉	江西景德镇	民窑业主	将精美的陶器推向主流市场并被上层社会接受,为景德镇瓷器在唐代初期迅速走向全国市场发挥了关键作用
唐	霍仲初	江西景德镇	民窑业主	初唐制瓷名手,与陶玉齐名。唐武德四年曾奉诏"制器进御"
宋	刘永之	不详	民窑业主	善塑佛像,雕刻精细,堪称宋代瓷雕精品
明	崔国懋	不详	民窑业主	崔公窑窑主,成化、弘治年间制瓷名家。所仿宣德、成化时期的瓷器制作精细。其青花彩器以盏式碗颇具特色,为"民窑之冠"
明	吴昊	江西景德镇	民窑业主	壶公窑窑主,嘉靖、万历年间制瓷名家,善仿宣德、永乐时期的名瓷。研发烧制了薄胎瓷,其中流霞盏和卵幕杯尤为著名
明	周丹泉	江苏苏州	民窑业主	周窑窑主,隆庆、万历年间制瓷名家,善仿古器,尤精于仿造定器
明	陈仲美	江西婺源	民窑业主	与周丹泉齐名。他把瓷雕艺术与制壶巧妙结合,善于重镂迭刻,较早将款和印章施于壶底

续表

朝代	姓名	籍贯	主要职业	主要贡献
清	臧应选	不详	御窑厂督陶官	康熙二十年至二十七年督陶官。据载,臧窑土埴腻,质莹薄,诸色兼备,有蛇皮绿、鳝鱼黄、吉翠、黄斑点四种尤佳。其浇黄、浇紫、浇绿、吹红、吹青者亦美。古籍载:"臧公督陶,每见神指画呵护于窑火中,则其器宜精矣"
	郎廷极	辽宁北镇	御窑厂督陶官	康熙四十四年至五十一年督陶官。郎窑的主要成就是仿宣德、成化时期的瓷器,包括青花、霁红、霁青、甜白、斗彩等精品。最值一提的是,在仿烧永宣红釉时,烧出了郎窑红。它不同于明代如宝石般温润艳丽的红釉,而是浓郁凝重,赤如凝血,器身越往下色泽越重,流动而富有变化,被称为一代绝品
清	年希尧	安徽怀远	御窑厂督陶官	雍正四年至乾隆八年督陶官。年窑的釉色丰富多彩,有一二十种之多,都达到了极高的水平。其中以胭脂水釉器最著名,器物胎骨极薄,里釉极白,放施胭脂釉,呈现粉红色。其仿古青瓷,甚至超过康熙年间的瓷器。仿汝、仿官、仿哥、仿龙泉、仿钧、仿影青、仿宣德青花、仿成化斗彩等瓷器都具有很高的水平。此外,年窑还发展了珐琅彩,花样富丽清润
	唐英	辽宁沈阳	御窑厂督陶官	乾隆时期督陶官,唐英在御窑管理与烧制过程中,亲自督导和烧制瓷器,他烧的窑器数量大、质量优、精品多、影响大,其在仿古创新、工艺技术方面均达到了顶峰
	吴麋	安徽歙县	民窑业主绘瓷名家	吴麋善绘山水,其所办的吴窑与唐窑、郎窑、年窑齐名
	陈国治	安徽祁门	雕塑名家	道光、咸丰年间雕塑名家,善于在瓷板、文具等半成品上雕塑龙、马等,施以各种色釉,作品精细中饶有画意

(资料来源:根据清代蓝浦所著《景德镇陶录》中内容整理所得。)

在这些行业关键技术人员、民窑业主及官窑督陶官的引领下,景德镇陶瓷不断实现产品迭代及釉色、装饰技艺和窑业技术的迭代(见表4-2),最终形成了一定的产业竞争优势及产业生命周期。

表4-2 历代景德镇陶瓷产品、釉色、装饰及窑业技术的迭代

朝代	陶瓷新产品	釉色	装饰	窑业技术
唐	白瓷	青白釉	刻花、划花、印花	龙窑
宋	青白瓷	影青釉	刻花、划花、印花	龙窑
元	青花瓷、釉里红瓷、青花釉里红瓷、卵白釉瓷	颜色釉(卵白釉、红釉、蓝釉、金釉)	白瓷彩绘	马蹄窑
明	永乐时期:玲珑瓷 成化时期:青花玲珑瓷 嘉靖时期:大龙缸 天启、崇祯时期:薄胎瓷	永乐时期:铜红釉 弘治时期:黄釉 正德时期:珐花三彩 嘉靖时期:瓜皮绿釉、鱼子绿釉、矾红釉	成化时期:斗彩、填彩 嘉靖时期:青花五彩 正德时期:红地金彩装饰	葫芦窑
清	康熙时期:珐琅彩 乾隆时期:像生瓷	高、低温釉	粉彩	镇窑

(资料来源:方李莉《中国陶瓷史》,齐鲁书社,2013年版。)

二、需求状况

需求状况是指本国市场对该项产业提供产品或服务的需求情况,国内需求状况的不同会导致各国竞争优势的差异。我国早在新石器时代就出现了陶器工艺与陶器文化。从史料的记载中可以看出,陶瓷是古代人们生活中不可或缺的物件之一,陶瓷不仅可以作为日常用具,还曾一度成为青铜礼器和明器的代替品。随着宗教、艺术及不同文化的交流碰撞,陶瓷用品的艺术风格和观赏价值进一步提升,消费者对陶瓷产品的生理需求和审美需求也随之增长。

消费者对陶瓷产品的要求主要体现在产品品名、产品质量、产品种类及产品价格等各个方面。只有满足消费者需求,陶瓷企业才能创造价值,才能生存发展。

而消费者需求的变化也会迫使陶瓷企业为适应这种变化而进行产品和技术工艺上的创新,继而推动整个陶瓷产业链技术的更新和提升。因此,老练、挑剔的消费者有助于陶瓷产品高标准的建立,而高标准的建立也有助于形成品牌效应,吸引更多的消费者,市场需求量随之扩大,进而有利于陶瓷企业实现规模经济,降低生产成本,从而在国际竞争中占据领先地位。

从消费者特征来看,景德镇陶瓷的国内需求可以分为两大类:皇家需求和民间需求。其中最具代表性的是皇室需求,即以帝王为代表的皇室宫廷用瓷需求。作为历代官窑所在地,景德镇瓷器的很多造型、釉色、装饰手法均受到当朝统治者个人审美情趣和艺术修养的强烈影响[1]。在宋代,由于统治者清逸、淡泊、典雅的审美情趣及对恬静、素雅艺术风格的追求,导致这一时期景德镇所进贡的瓷器无一例外地呈现出灵巧秀丽、莹润典雅的艺术特色。加上色质青白如玉、纯净清丽、莹润光亮、高洁淡雅的影青瓷的衬托,更加迎合了统治者的消费需求[2]。而元代,"国俗尚白,以白为吉",景德镇在青白瓷生产的基础上创新性地烧造出卵白釉瓷这一新品种,其胎质十分细腻,釉色洁白,微微泛青,犹如鸭蛋的色泽,深受当时统治者的喜爱。明成化年间,由于宪宗个人艺术修养深厚,工于绘画,尤其对小巧精致的工艺品情有独钟,景德镇官窑烧造出的斗彩瓷器就深深打上了他的印记,成为明代官窑之冠。清代,雍正、乾隆两位皇帝的个人消费偏好也对景德镇瓷器的造型和艺术风格产生了决定性的影响。据清宫造办处档案记载,雍正帝本人曾多次明确指定瓷器的造型、花纹图案,不仅要求烧造的御用瓷器各部分尺寸要适度,而且重视气势和神韵,讲究轮廓线的韵律美,对于要烧造的御用瓷器必须经过皇帝本人审定,方可烧造[3]。在乾隆皇帝超凡和创新理念的要求下,景德镇御窑厂不惜工本追求各种新奇品种,最终成就了清代景德镇制瓷工艺的巅峰。

皇室除了对宫廷用瓷的造型和艺术风格有严格要求,对瓷器的品质要求也是相当苛刻的。为此,政府采取了一系列措施确保宫廷用瓷的品质。一方面,自元代起,政府就在景德镇设置官窑,建立全国独一无二的宫廷用瓷生产机构,通过整

---

[1] 刘善庆.景德镇陶瓷特色产业集群的历史变迁与演化分析[M].北京:社会科学文献出版社,2016.
[2] 余祖球,梁爱莲.宋代景德镇陶瓷雕塑[J].陶瓷科学与艺术,2003(1).
[3] 刘善庆.景德镇陶瓷特色产业集群的历史变迁与演化分析[M].北京:社会科学文献出版社,2016.

合全国陶瓷生产资源,确保景德镇宫廷用瓷的生产;另一方面,自宋代起,政府就派遣专职监造官在景德镇监督管理烧造事务,明清两代则是直接委派督陶官专门监督管理宫廷用瓷的生产事宜,保证御用瓷器的质量。每一道生产工序都要进行严格挑选,对不合格者,及时处理。如绘画小器亦细看四周有无疵谬,必体质完美,方可入窑。瓷器烧成后,必须经过严格筛选,将存在器物变形、变色、开裂、缩釉或爆釉、粘沾、火候过高或过低等各种瑕疵挑拣出来,方可造册进贡。清代督陶官唐英在《宫中朱批奏折》中曾言:"所造之器出自窑火之中,不能保其件件全美,每岁每窑均有落选之件,计次色脚货及破损等数,几与全美之件数相等。"也就是说,全美上色御瓷的入选率最多不超过50%。其实,这样的成品率已经算是官窑烧制中的较高水准了,在明代,这一比例往往是"十中选一",甚至"百不得一"。雍正十三年,唐英在《陶成纪事碑记》中也曾详细记载御窑厂每年按照内务府造办处的常额烧制,"厂器陶成,每岁秋、冬二季,顾觅船只、夫役,解送圆器、琢器皿六百余桶,岁例盘碗钟碟等上色圆器,有一二寸口面以至二三尺口面者一万六七千件,其落选之次色尚有六七千件,一并装桶解京以备赏用。其瓶、罍、樽、彝等上色琢器,由三四寸高以至三四尺高大者,亦岁例二千余件。尚有选落次色二三千件不等,一并装桶解京,以备赏用"。

通常进贡后的瓷器还会由皇帝再次检验,一旦发现问题则会严惩不贷。《明英宗实录·卷四十九》记载:"正统九年五月丁卯,江西饶州府造青龙白地花插,瑕莹不堪。太监王振言于上,遣锦衣卫指挥往,杖其提督官,仍敕内官赍样,赴饶州更造之。"清宫内务府造办处的乾隆记事档中也曾记载,乾隆十五年"七月十二日,员外郎白世秀来说,太监胡世杰传旨:唐英上年所进磁器,选出缺釉、毛边、足破甚多,明系尔离任将脚货选入上色,希图朦混,将选出釉水不全等磁器数目,不准报销,着伊赔偿。再传与回子知道,以后选上色磁器务要细心办理,不可疏忽。钦此。"①

针对落选的不合格品,明代洪武到宣德时期是将器物打碎后集中掩埋,正统到弘治时期是打碎后随窑业垃圾倾倒而不再单独掩埋,而明嘉靖以后直到清雍正六年则不再打碎而是将其存在窑厂库房内。1982年至1994年,景德镇市陶瓷考

---

① 故宫博物院,柏林马普学会科学史所.宫廷与地方:十七至十八世纪的技术交流[M].北京:紫禁城出版社,2010.

古研究所配合市政建设工程,对御窑遗址进行了多次抢救性发掘,出土的明代洪武至嘉靖时期的落选御用瓷器碎片竟有十数吨,若干亿片,修复了一大批洪武、永乐、宣德、正统、成化时期的落选御用瓷器,如图4-2所示。清乾隆八年(1743年)二月二十日,唐英上奏朝廷:"窃奴才于雍正六年奉差江西,监造瓷器,自十月内到厂,即查得有次色脚货一项,系选落之件,从前监造之员,以此项瓷器向无解交之例,随散贮厂署,听人匠使用,破损遗失,致烧成之器皿与原造之坯胎,所有数目俱无从查核,奴才伏念厂造瓷器上供御用,理宜敬谨办理,虽所造之器出自窑火之中,不能保其件件全美,每岁每窑均有选落之件,计次色脚货及破损等数,几与全美之件数相等,此项瓷器必须落选,不敢上供御用,但款式制度有非民间所敢使用者,奴才辗转思维,实不便遗存在外,以蹈亵慢不敬之咎,随呈商总管年希尧,将此次色脚货,按年酌估价值,造成黄册,于每年大运之时一并呈进,交贮内府,有可以变价者,即在京变价,有可供赏赐即留备赏用,自奴才到厂之后,于雍正七年为始迄今,总属如此办理。今于乾隆七年十二月十二日接到养心殿造办处来文,内有传奉本年六月二十三日谕旨:嗣后脚货,不必来京,即在本处变价。钦此。奴才跪读之下,自应钦遵办理……奴才愚昧之见,请将此选落之黄器五爪龙等件照旧酌估价值,以备查核,仍附运进京,或备内廷添补副余,或供赏赐之用,似可以尊体制而防亵越。至如余外选落之款釉花样等件,凡属官造,向亦在查禁之列,不许民窑书款仿造,然于国家之制度等威,尚无关涉,似不妨在外变价。奴才请将此项次色脚货,仍按年估计造册,呈明内务府。俟核复到日,听商民人等之便,有愿领销者,许其随处变价,仍不许窑户影射伪造,以杜滥觞壅滞,则此选落之无关定制者既易销售,而黄器、五爪龙之选落者亦得所用,不致流布民间,以滋亵越矣。朱批:黄器如所请行。五爪龙者,外边常有,仍照原议行。"①由此可见,自乾隆八年(1743年)起残次品的处埋方式发生了根本性转变,不再处于无人管制乱放的状态,也不像雍正七年(1729年)到乾隆八年(1743年)这段时间交由内务府处理,而是评估每件瓷器的价值,允许上市买卖,从而形成市场上官窑次品和民窑瓷器"官民竞市"的局面,在某种程度上也拉动了景德镇民窑品质的整体提升。

---

① 故宫博物院,柏林马普学会科学史所.宫廷与地方:十七至十八世纪的技术交流[M].北京:紫禁城出版社,2010.

图 4-2　景德镇御窑厂遗址成化堆积层清理现场

(图片来源:景德镇陶瓷考古研究所。)

明代后期及清代初期,由于御器厂无法满足大量的烧造任务,朝廷便采用了的"官搭民烧""尽搭民烧"的御窑烧造制度,加速了官窑和民窑之间的相互交流与融合。民窑通过借鉴和吸收官窑产品的造型风格、设计题材、装饰元素等,丰富了自身产品的艺术表现形式和内容,产品逐渐精进,并出现官民青花并精的局面。如隆庆时期的崔公窑、万历时期的壶公窑等,都是这一时期民窑中的佼佼者。除了技术水平和烧造质量的迅速提升,"官搭民烧"制度的实行,也使得景德镇民窑从为普通消费者生产日用粗瓷的地位上升到为宫廷生产精品瓷的地位,极大地提高了景德镇民窑产品的美誉,吸引了更多海内外消费者的青睐。

景德镇瓷器自宋代起即受到海外市场的追捧,至元代时已然成为中国外销瓷的主流。由于外销瓷比内销价格高出许多,高额的利润吸引了大量的景德镇民窑窑主参与海上陶瓷贸易。在长达七个多世纪的陶瓷贸易中,欧洲等海外国家或地区对中国陶瓷的需求大多来自景德镇民窑,巨大的海外市场为景德镇民窑的发展营造了良好的需求环境。出口至海外市场的景德镇陶瓷除了传统的中国器形,还有大量的按照海外制定的器形、图案、装饰及釉彩进行制作的定制产品,如元代为伊斯兰国家定制的元青花大盘、军持等,以及清代为欧洲市场定制的纹章瓷等。海外消费者与国内不同的审美情趣和消费偏好在很大程度上也影响了景德镇陶瓷的品质。法国传教士殷弘绪(原名为昂特雷科莱)1712 年在有关景德镇陶瓷工业的记载中谈到,欧洲商人对景德镇陶瓷的质量有很高的要求,而且这种要求几近苛刻,按照欧洲式样烧造的陶瓷新品种本来就很难制作成功,就是制作成功以后也必须经过严格的筛选,即使稍有问题也会被欧洲人拒绝。由于这类定制产品很难在国内出售,这就迫使窑主和陶瓷工匠潜心研究改良工艺技术的办法,以提高产品的成功率和质量。为了满足欧洲消费者需求,景德镇瓷器厂商无论在餐具、茶具的数量、体量,还是瓷器的厚薄、口沿、把手和圈足的底部,乃至瓷器款式、釉色、花纹等方面,都尽可能做到尽善尽美。①

三、相关产业和支持产业

古典和新古典经济学理论认为,供应链或产业链环节越多、分工流程越长,生产分工效率就越高。亚当·斯密甚至将分工效率视为驱动国际贸易发展的核心因素,认为分工为国民财富增长的源泉,并在《国富论》一书中提出,劳动生产力最大的增进,以及运用劳动时所表现的熟练度、技巧和判断力,似乎都是分工的结果。陶瓷业也是如此,分工越细,生产效率就越高,生产规模也就越大。景德镇瓷业能够在明清时期独领风骚,成为主导全球陶瓷贸易的重要组成部分,也正是得益于完整高效的陶瓷生产链分工。

北宋时期,景德镇瓷窑主要分布在市区、湖田、南市街、小坞里、湘湖几处。南宋至元时期,则主要集中在湖田、市区和瑶里(古称窑里)。明嘉靖后,湖田窑场逐渐衰败,并于明晚期停烧,景德镇瓷窑逐渐集中在官窑及原材料、水路交通相对便利的市区。由于瓷窑分布相对集中,产业集群效应凸显。瓷窑的生产方式也逐渐由各自为战的独立作坊式生产向强调分工的工场手工业(也称为工厂手工业)方式转变,瓷窑间的分工合作越发密切。

总体而言,景德镇瓷业的分工经历着由社会分工到垂直式分工,再到水平式分工,最后延伸至国际分工这几个阶段。早在唐宋时期,景德镇瓷业就已经从农业中分离出来,成为景德镇的经济支柱,立业之本。随着瓷窑数量的增加和生产规模的扩大,景德镇区域内瓷窑的竞争程度也越发激烈。为确保自己在竞争中立于不败之地,一些陶瓷作坊主动将自身不具备竞争优势的制瓷环节剥离出去,陶

---

① 詹嘉。15—18世纪景德镇陶瓷对欧洲饮食文化的影响[J].江西社会科学,2013(1).

瓷产业分工进一步深化。瓷石原料的开采和釉灰的生产,匣钵、模具的制造,逐渐从制瓷产业中分离出来,成为服务于制瓷业的独立行业。陶瓷原料产业演化成颜色行、白土行、釉果行、灰行、柴行五行。陶瓷工具也演化出模型、坯刀、毛笔三行。下脚修补业出现彩虹、洲店二行。随后,与陶瓷相关的辅助行业及与瓷器运销有关的瓷器包装和运输等行业也逐渐独立出来。陶瓷销售有瓷行、瓷庄两行;包装搬运业演化成茭草、汇色、打络子、削杀利蔑、打货篮、挑瓷把庄、下驳、挑窑柴、搬运九行。陶瓷运输分成轿行、马行两行①。

随着供、产、销的逐渐分离,陶瓷制瓷工序的分工也进一步细化。明代宋应星在《天工开物》一书中写道制瓷工序"共计一坯工力,过手七十二,方克成器。其中微细节目,尚不能尽也"。法国传教士殷弘绪在一封写给奥日神父的信件中曾经形象地描述了康熙年间景德镇瓷器的生产分工精细情况:粗坯一离开辘轳,就立即被送到第二个工人手中,置于坯板上,不久传给第三个工人。他把坯置于模型上进行印制和整形,这种模型是安置在一种旋转装置上的。第四个工人用泥刀进行修坯……彩绘这一劳动在同一工厂内是由许多人分别进行的,一个工人单纯地把圆形色线绘在瓷器的口缘上,第二个工人描绘花的轮廓,第三个工人接着润色。这一伙人专门画山水,而那一伙人就专门画鸟兽。

自十八世纪中叶起,景德镇瓷业为适应海外贸易的需要还出现了跨地域、跨国界的国际分工。我们所熟知的"广彩瓷"(广州织金彩瓷)和"荷兰加彩瓷"(阿姆斯特丹瓷)就是因此而产生的,如图4-3、图4-4所示。民国刘子芬在《竹园陶说》中记载:"清代中叶,海舶云集,商务繁盛,欧土重华瓷,我国商人投其所好,乃于景德镇烧造白器,运至粤垣,另雇工匠仿照西洋画法,加以彩绘,于珠江南岸之河南,开炉烘染,制成彩瓷,然后售之西商。"②除此之外,欧洲商人还从景德镇定制空白或者只带有边饰及辅助纹饰而中间留白的瓷器,在将其运回欧洲后交由当地工匠在其上绘制徽章图案。荷兰、法国、英国、意大利及美国都曾订购过这种半成品。彩绘装饰放在欧洲来做,能更灵活地满足欧洲市场的需求。当时由于直接从东方进口彩绘瓷器的成本比较高,于是荷兰就从景德镇进口价格较低廉的白瓷或青花,

---

① 刘善庆.景德镇陶瓷特色产业集群的历史变迁与演化分析[M].北京:社会科学文献出版社,2016.
② 吕成龙.瑞典藏中国清代外销瓷[J].紫禁城,2005(6).

然后于荷兰本地在这些瓷器上加饰彩绘,这种陶瓷被称为"荷兰加彩瓷",在荷兰国内则被称为"阿姆斯特丹瓷"①。

图 4-3　清乾隆广彩开光人物故事图瓷茶壶

(图片来源:漆峥、高明《西方传教士与海上丝绸之路的清代广彩瓷》。)

图 4-4　荷兰加彩瓷及原本的青花瓷盘

(图片来源:施晔、Freerk Heule《阿姆斯特丹邦特瓷与18世纪中国瓷文化的亚欧循环之旅》。)

伴随着社会分工、专业化分工及国际分工,景德镇制瓷产业链也逐渐完善且高效,包括核心产业层、支撑产业层和相关产业层。其中,核心产业层主要以圆器业、琢器业、烧窑业、彩绘业和匣钵业为主;支撑产业层主要包括与核心产业层运行密切相关的行业,如包装搬运业、陶瓷工具业、下脚修补业、陶瓷运输业等;相关产业层主要包括与陶瓷产业相关的服务业,如中介组织(行帮、商会)、金融机构(钱庄、票号、银行)、服务行业(客栈、酒楼)等外延支撑体系。据不完全统计,景德

---

① 刘淼,胡舒杨.沉船、瓷器与海上丝绸之路[M].北京:社会科学文献出版社,2016.

镇陶瓷行业共有大小各种行帮 400 多个。行帮实行封闭式管理,"所执之业,各据一帮","各据一行,不传他人","其业之精者,且仅传其本帮,而世守其业"。

四、企业战略、企业结构、竞争对手

波特认为,激烈的国内竞争是创造和保持国际竞争优势的较有力刺激因素。一方面,国内竞争会迫使企业不断更新产品,提高生产效率,以取得持久、独特的优势地位;另一方面,激烈的国内竞争还会迫使企业走出国门,开辟国际市场。实践证明,经过国内激烈竞争锤炼的企业往往更具有竞争力,更容易在国际竞争中取胜。

从景德镇外销瓷的销售主体来看,仅有一小部分瓷器来自官窑,如朝贡贸易中的瓷器赏赐,绝大多数的外销瓷来自景德镇民窑。官窑生产的产品一般不具有商品的特征,仅供宫廷使用,严禁民间使用。《饮流斋说瓷》中记载:"(景德镇)自宋以来已有官窑、民窑之分,官窑由官监制,以进上方,备赏赉者也。民窑又名客货,民间所通用者也。"[1]历来,景德镇官窑与民窑之间都是此消彼长的兴替关系,大部分时期处于不均衡的发展状态,没有竞争关系。

明洪武二年(1369 年),"设厂制陶以供尚方之用"。洪武三十一年(1398 年),改陶厂为御器厂,钦命中官一员,特董烧造。厂内施行的是轮班进役制度。永乐、宣德、成化时期,御器厂"拘获高匠",把手工业者编入匠籍。御器厂垄断优秀工匠和优质原料和技术,如《陶雅》卷上所说:"一切官窑等,诸秘色,上方珍品,宝贵甚至,自非近御侍从贵戚巨邸,不能蒙被恩泽,赏赉频仍。"官窑制品被视为内府秘藏,社会上难得一见,基本上排除了民窑从御器厂获取先进技术的可能。正统年间,官府对民窑烧造的御窑品种进行了极严厉的限禁。正统三年(1438 年),"禁江西瓷器窑场烧造官样青花白地瓷器于各处货卖"。正统十一年(1446 年),又禁私造白地青花瓷等,其结果为官窑极精而民窑多粗糙。嘉靖时期是明代瓷器由盛转衰的时期。明王宗沐在《江西大志·陶书》中记载:"陶监有官,先是中官一员专督。嘉靖九年,裁格……是后,饶州府佐贰官常缺,分委杂而不专,官职懈嫚……御器细腻脆薄,最为难求,官匠因循,管厂之官乃以散之民窑,历年相仍。民窑赔

---

[1] 许之衡.饮流斋说瓷[M].济南:山东画报出版社,2010.

赃,习以为常。"道光年间《浮梁县志》载:"部限瓷器,不予散窑(指民窑),钦限瓷器,官窑每分派散窑。其能成器者,受嘱而择之,不得成器者,责以必办。不能办,则官窑悬高价以市之,民窑之所以困也。"可以看出,明代晚期实施的"官搭民烧"制度,实质是对民窑进行盘剥,加重民窑负担,在一定程度上阻碍民窑的发展。但是从另一个角度而言,也是民窑学习官窑先进的制瓷工艺,提高瓷器烧造技术,改良制瓷工具的一个难得机遇。到清代雍正、乾隆时期,御窑烧造任务繁重,御瓷搭民窑烧造的比例不断扩大,官民窑关系从"剥削"与"被剥削"关系,逐步转变为"设计"与"生产""分工"与"合作"的新关系。民窑与官窑之间制瓷技术的差距越来越小,如图 4-5 所示。乾隆七年(1742 年)出于节约御窑厂生产成本的目的,开始施行御窑落选次色瓷的变卖制度。经历"官民竞市"后,景德镇民窑制瓷技艺不断提升,烧造出的高档瓷器质量甚至能够与御窑瓷器相媲美,极大地提升了民窑的国际竞争优势。

图 4-5 清乾隆粉彩山水诗句方瓶和青花缠枝花五连瓶(官搭民烧)

(图片来源:赵宏《"官搭民烧"考》。)

从国内外销瓷的销售主体来看,历朝景德镇瓷器的出口均面临着国内众多生产窑口的激烈竞争(见表 4-3)。激烈的竞争迫使景德镇更多地依赖于知识的创造和吸收,从而实现制瓷工艺和技术的领先优势,而这种技术领先优势又可以帮助景德镇获得更多的市场份额。随着市场份额的扩大,利润、工资、生产效率也随之增长,从而吸引了更多的陶瓷生产要素和经济资源向景德镇集中,带动了整个陶瓷行业生产效率的进一步提升。

表 4-3　中国历朝知名陶瓷产区

朝代	知名陶瓷产区
唐	刑窑、越窑、洪州窑、长沙窑等
宋	定窑、磁州窑、耀州窑、钧窑、汝窑、官窑、哥窑、龙泉窑、吉州窑、建窑、德化窑、景德镇窑等
元	定窑、磁州窑、耀州窑、钧窑、龙泉窑、吉州窑、建窑、德化窑、景德镇窑、婺州窑等
明	德化窑、漳州窑、潮州窑、石湾窑、景德镇窑等
清	宜兴窑、石湾窑、德化窑、陈炉窑、景德镇窑等

(资料来源:方李莉《中国陶瓷史》,齐鲁书社,2013年版。)

陶瓷科技创新对景德镇尤为重要。虽然两宋之前,陶瓷科技方面的进步主要发生在景德镇以外的地方,但是战乱改变了既有的技术格局。大量移民在进入景德镇的同时,也带来了先进的陶瓷工艺技术,景德镇最终成了陶瓷科技聚集地。这些技术通过与景德镇自身技术结合,很快提升了景德镇陶瓷产业整体的技术水平,缩短了景德镇与陶瓷技术先进地区的差距。在此过程中,景德镇也实现了角色的转变,从技术的引进者、输入者逐渐变成技术的输出者。元代,景德镇开始超越其他陶瓷产地,逐渐成为陶瓷工艺技术的主要创新地。明清时期,景德镇成为世界陶瓷科学技术的领导者,迈向了陶瓷科学技术的前沿。

五、机遇

除了上述基本因素,一些偶然性事件或机会也对景德镇陶瓷产业的竞争优势产生了一定的影响。

(一) 瓷器"博易"

北宋晚期直到南宋时期,铜币大量外流,致使全国出现钱荒,这引起了朝廷的高度关注。《宋史》记载,"嘉定十二年,臣僚言以金银博买,泄之远夷为可惜。乃命有司止以绢帛、锦绮、瓷漆之属博易"。由此,瓷器在宋代海外贸易中占有了重要的地位,它不仅是一种商品,更是流通中的等价物。正是因为这个原因,宋元时期瓷器的商品属性进一步凸显,陶瓷成批量、大规模运销海外。

（二）窑工南迁

由于地理位置相对偏僻,景德镇窑是唯一一个在宋金、宋元等数次战乱中受益的瓷窑。由于战火连绵,金人、蒙古人南下,大批北方窑工避难迁徙至景德镇,导致景德镇人口激增,制瓷业得到空前发展。南宋末年,避难吉安的磁州窑窑工与吉州窑窑工逃难至景德镇,吉州窑烧制釉下彩技法由此传入景德镇,该技法与景德镇影青釉、薄胎青白釉技艺融合导致了元青花瓷的出现,并很快占据了中国陶瓷生产的主流。明初,景德镇吸收了磁州窑的釉上红绿彩工艺,并产生了具有景德镇特色的釉上矾红彩、青花斗彩、五彩等多种新的装饰方法。由此可见,景德镇之所以能获得如此高的艺术成就,从技术角度而言,离不开众多外来的陶瓷工匠。

（三）郑和下西洋

明朝建立后,经过明太祖多年的励精图治,经济繁荣,手工业及造船业也取得了较大的成就。为了推动和发展与亚、非地区各国的政治、经济、文化交往,实现"万国来朝"的政治抱负,明永乐、宣德年间,明政府派遣郑和率领由200艘宝船、2.7万多人组成的船队七次下西洋。郑和的船队开辟了历代"海上丝绸之路"中航程最长的远洋航路,活动范围非常辽阔,从中国南海之滨,经南海入印度洋,延伸至西亚、东非的广大地区,其西北方向的航路直通波斯湾、阿拉伯海和红海,西南方向的航路,沿东非海岸越过赤道,到达今莫桑比克索法拉港,使中国与亚、非地区各国之间的贸易往来空前繁荣[①]。这一时期政府对瓷器需求巨大,这才有宣德八年(1433年)一次就"往饶州烧造各样瓷器,四十四万三千五百件"[②]。同时,随同郑和出航的费信、马欢等著的《星槎胜览》《瀛涯胜览》等文献也进一步表明,景德镇的青白瓷与青花瓷在诸多国家很受欢迎,在爪哇、占城、锡兰、祖法儿等地,人们都争购景德镇瓷器,景德镇瓷器的美誉也随之扩大。

---

① 陈炎.海上丝绸之路与中外文化交流[M].北京:北京大学出版社,1996.
② 李东阳.大明会典[M].扬州:广陵书社,2007.

（四）新航线开辟

十五世纪中叶奥斯曼帝国兴起后，占领了巴尔干半岛和小亚细亚地区，不久又占领了克里米亚，控制了东西方间的传统商路，对往来于地中海区域的欧洲各国商人横征暴敛，百般刁难，因此，运抵欧洲的商品，数量少且价格高。西欧各国贵族、商人等急切地想绕过地中海东部，另外开辟一条航路通往印度和中国，从亚洲直接获得大量奢侈商品，其中就包括景德镇的瓷器。十五世纪到十七世纪，欧洲的船队出现在世界各处的海洋上，寻找着新的贸易路线和贸易伙伴，史称"地理大发现"。由于地理大发现的进展，世界各大洲适于航行的区域间经济及文化交往很快密切起来，航海活动更加频繁。最早到达中国并与中国开展贸易的是葡萄牙人。十六世纪初，葡萄牙人用武力先后在印度果阿、东南亚马六甲等地建立贸易据点，并与中国商船换取瓷器等物产。继葡萄牙之后，西班牙、荷兰、英国等殖民者也以澳门、马尼拉、巴达维亚、热兰遮为中心与中国展开大规模的陶瓷贸易活动。广泛分布在中国东南沿海及东南亚海域的沉船所见瓷器，则见证了这一时期陶瓷贸易的盛况。自此，欧洲开始成为景德镇瓷器出口的主要市场。

（五）禁铜令

雍正初期，由于铜的产量已经无法满足经济发展所需，故出现铜币"各省未得流布。民用不敷。是必有销毁官钱，以为私铸者"。私铸伪造增多，导致出现铜价高于银价的状况，给雍正时期的货币流通和商品经济发展带来了较大的阻碍。面对这种情况，雍正皇帝不得不通过政令禁止使用铜器，以此收集铸钱原料。据记载，雍正四年（1726年）正月户部建议：除乐部等必须用黄铜铸造的器皿外，一律不许再用黄铜制造；已成者，当作废铜交官，估价给值，倘有再造者，照违例造禁物治罪；失察官员，买用之人，亦照例议处。雍正批准实行。同年九月再下令：户部议覆，黄铜器皿，除三品以上官员准用。民间乐器、天平、法马、戥子。及五斤以下圆镜不禁外，其余文武各官军民等，所有旧存黄铜器皿，限三年内，悉交官领价。收藏打造者，按例治罪。十二月，雍正帝特谕京城文武百官满汉军民人等交售铜器。雍正的禁铜令在京城及宫中的影响极大，而且是自上而下的，从皇帝、群臣百官到平民百姓，都停止使用黄铜器。禁止生产铜器后，消费者对替代品瓷器的需求也有了大幅度增加。综观雍正年间的瓷器生产,无论从数量上还是质量上,都达到了无以复加的境地。这一现象的出现绝非简单的巧合,而是雍正时期颁布禁铜令的必然结果。

(六) 日用品革命

法国国王路易十五曾下令将银器全部熔化以充国用,而日用品全部改用中国瓷器,这一举动对中国瓷器在法国民间普及起到了推波助澜的作用。整个十八世纪,欧洲成了中国瓷器外销的主要市场,中国瓷器源源不断地进入欧洲、拉丁美洲[①]。

六、政府

政府对国家竞争优势的作用主要在于可以通过对外贸易政策及行业政策等各项法律、法令、政策措施等对产业所需的要素市场加以干预,或是通过产品标准的制定等方式影响买方需求。景德镇陶瓷之所以能够独领风骚,引领着世界陶瓷发展长达千年之久,在很大程度上得益于政府的强力扶持。

(一) 官窑制度

景德镇有着近千年的官窑史、数百年的御窑史,历代封建帝王对景德镇的特别关注提高了景德镇瓷器的知名度。唐代,景德镇的白瓷,形似玉器,被指定为皇家贡品。宋代,景德镇独创的影青瓷得到宋真宗垂青,并成为首个以皇帝年号命名的城市,极大地提升了景德镇的社会地位。影青瓷也引得周围各个窑场纷纷效仿,最终形成了以景德镇为中心的青白瓷系。元代,景德镇优质白瓷得到了以白为吉的蒙古族统治者的珍爱,政府首次在景德镇建立全国瓷器管理机构——浮梁磁局,借助全国资源的整合,景德镇瓷器逐渐向垄断过渡。明清两代,景德镇成为皇家瓷器唯一官方指定的生产地,在政府的大力扶持下,景德镇逐渐成为"天下窑器之所聚"之地,并最终成为全国瓷业制造中心。官窑制度在消费者心中树立了

---

① 蔡子谔.中国瓷器对世界的影响及其广义读解[N].中国艺术报,2012-01-16.

景德镇瓷器的精品形象,提升了景德镇的海外知名度和美誉度,成为海外消费者竞相追逐的产品。

(二) 相对自由的对外贸易政策

在中央集权的封建帝国时期,历朝政府都高度关注与世界其他地区的政治、经济、贸易交往。唐朝初年,政府在广州建置市舶司专门负责对外贸易事宜。据唐文宗太和八年诏令:宜委节度观察使,常加存问,除舶脚、收市、进奉外,任其来往通流,自为交易,不得重加率税。这种相对自由的对外贸易政策的实施吸引各地外商纷至沓来,根据《唐六典》记载,唐王朝曾与300多个国家和地区保持着友好交往。都城长安成为外商云集的地方,也是商品荟萃的中心。长安城内设有专门管理接待外国宾客和少数民族使节的机构,如鸿胪寺(下领典客署、礼宾院)。宋代发展了唐代的对外开放政策。北宋初年,宋太宗于太平兴国年间(976—984年),在京城(今开封)设置榷易院,这是我国历史上最早的专业性外贸中央机构,并通知福建、广东、浙江各路建置市舶司的口岸,要"宜循旧法,以招徕远人,阜通货贿"。雍熙四年(987年),特遣内侍八人分四路出使,"各往海南诸蕃国勾招进奉博买香药、犀牙、珍珠、龙脑"。元丰三年(1080年),北宋颁布了《市舶条法》,这是我国历史上第一部关于进出口贸易的经济法典。宋代把实行对外开放政策视为基本国策,要求各市舶司对外商多作宣传解释,"示之以条约,晓之以来远之意"。元代继续执行"诸蕃国……其往来互市,各从所欲"的自由贸易政策,并在泉州、广州、温州、杭州、宁波、海盐和上海等处建置市舶机构。这种宽松、自由的对外贸易政策对景德镇陶瓷出口十分有利。明代是我国历史上对外贸易政策的转折时期。明初,朝贡贸易代替商品贸易成为我国对外经济贸易交往的主要方式,景德镇青花瓷作为赏赐各国的重要物品之一,广受海外各国欢迎。隆庆年间开海后,民间贸易迅速发展起来。顾炎武在《天下郡国利病书》中描述,诸如福建等沿海省份,"田不供食,以海为生,以洋舶为家者,十而九也"。在高额贸易利润的驱使下,大量的景德镇陶瓷随之涌入海外市场。清初厉行禁海,康熙二十三年(1684年)开放海禁并设关通商,此后虽有反复,但仍以开放为主。广州一口通商后,清政府允许外国人在广州开设贸易机构,法国、英国分别于1699年、1714年在广州设立商馆。随后,荷兰、丹麦、瑞典等国家也纷纷在广州设立商馆,为景德镇瓷器外销提供了更为便利的条件,如图 4-6 所示。

图 4-6　广州商馆区(约绘于 1785—1822 年)

(图片来源:广州博物馆。)

(三) 工商业政策

除上述的官窑制度和对外贸易政策外,税制、匠籍制度、市场监管等工商业政策也对景德镇陶瓷的生产及出口产生了重要影响。总体上看,由于对海外白银的过度依赖,历代政府均出台各种政策鼓励中国特色商品"走出去",如允许商人子弟可以合法参加科举考试,入仕为官;整顿关税,减免商税;废除匠籍制度,改革徭役制度,大规模推行"一条鞭法"和"摊丁入亩法";完善营商环境等。

第五章 景德镇陶瓷贸易现状与出口竞争力测度比较

第一节 景德镇陶瓷生产近况

陶瓷产业在景德镇有着悠久的历史。随着改革开放的持续深入,景德镇陶瓷产业的生产规模也与日俱增。作为景德镇经济发展的三大支柱产业之一,陶瓷产业对景德镇经济发展贡献颇多,功不可没。

一、景德镇陶瓷产业发展基本情况

(一)陶瓷产业规模增长态势良好

进入21世纪,景德镇陶瓷产业发展态势良好《景德镇年鉴》所示,景德镇规模以上陶瓷数量由2006年的46家增加至2021年的119家,陶瓷税收由2006年的0.29亿元增长至2021年的5.2亿元,年均增长率13.54%,陶瓷工业总产值由2006年的32亿元增长至2021年的516.2亿元(见图5-1),年均增长率17.14%。尤其是党的十八大以来,是景德镇陶瓷发展史上的重要时期,陶瓷工业总产值总计翻一番,与德化、潮州和佛山等产瓷区的差距日渐缩小。2021年景德镇陶瓷工业总产值首超德化(459亿元)和潮州(500亿元),年均增长率超德化、潮州和佛山。

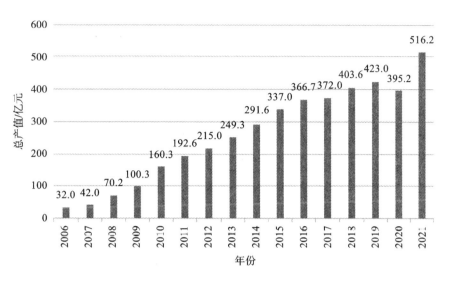

图 5-1　2006—2021 年景德镇陶瓷总产值

（数据来源：景德镇年鉴）

（二）陶瓷产业结构不断优化

当前，景德镇陶瓷产业结构处于不断优化的过程，已经形成艺术陈设瓷、日用陶瓷、工业陶瓷、先进陶瓷共同发展的多元化格局，凸显了景德镇陶瓷产业的文化艺术性和功能实用性兼备的产业优势。据《江西蓝皮书：江西经济社会发展报告（2022）》的数据披露，2021 年景德镇陶瓷产业总值 516.2 亿元。其中，艺术陈设瓷产值 185.3 亿元，日用陶瓷总产值 165.5 亿元，两项合计占景德镇陶瓷总产值的 68%，而工业陶瓷和先进陶瓷占比略低，约合 32%。在做大日用陶瓷、做精艺术陶瓷的同时，景德镇市把先进陶瓷作为主攻方向，出台《先进陶瓷产业发展规划（2022—2025 年）》，加快打造"2+4"先进陶瓷产业集群，力争 2025 年先进陶瓷产业规模达到 500 亿元。

同时，陶瓷文化创意产业也已经成为景德镇陶瓷产业发展的新引擎。2014 年，景德镇被联合国教科文组织接纳为"全球创意城市网络"的一员，被授予"世界手工艺与民间艺术之都"称号。2019 年 5 月习近平总书记视察江西时又作出重要指示，要求建好景德镇国家陶瓷文化传承创新试验区，打造对外文化交流新平台。

截至 2021 年，景德镇拥有省级以上文化产业示范基地 20 家，截至 2022 年，景德镇拥有省级以上文化产业基地 20 家，拥有中国景德镇国际陶瓷博览会和 2722 家陶瓷艺术家工作室等陶瓷文化创意展示平台。在助推陶瓷产业发展中，景德镇创新性运用工业遗产的保护与再开发，使之成为陶瓷文化创意产业发展的新载体。其中，以原国营宇宙瓷厂工业旧址为核心启动区打造的文创街区——陶溪川，已逐渐成为景德镇的文化地标，集聚了来自全国各地的"景漂"创业青年 2 万余名，以及不少来自"一带一路"沿线国家的"洋景漂"。2020 年 12 月，陶溪川文创街区荣获第一批国家级文化产业示范园区。依托陶瓷文化，景德镇"以瓷会友""以瓷为媒"，每年开展政府、科研院所、民间社团等不同平台、不同形式、不同规模的对外文化交流活动多达千场，通过文化"走出去"，向世界展示了中国陶瓷文化的独特魅力。2016 年 10 月陶溪川正式对外开放，现已逐渐成为景德镇的文化地标，集聚了来自全国各地的青年创客在此创新创业。

数字经济的蓬勃发展，不断催生新产业、新模式、新业态。景德镇作为担当建设全国陶瓷文化传承创新试验区的主力军，积极整合区位、平台、政策等资源要素，以"数"赋能，推动传统陶瓷产业转型升级。景德镇建设陶瓷产业大数据中心，为产业科学决策提供支撑；建设产业供应链平台，探索区块链技术在陶瓷溯源、陶瓷防伪等领域的应用；建设工业互联网平台，探索以"5G＋工业互联网"赋能陶瓷产业振兴。2022 年 3 月底，景德镇成功通过工业互联网标识解析二级节点能力评估，成为国内首个标识解析二级节点(陶瓷行业)建设许可的城市。传统陶瓷企业借助智邦国际企业资源计划(Enterprise Resource Planning，简称 ERP)、物资需求计划(Material Requirement Planning，简称 MRP)等智能系统，将生产与采购、人资、财务、销售等管理环节无缝对接，大大提高了工作效率。与此同时，电商、跨境电商也为传统陶瓷产业插上数字化"翅膀"。截至 2023 年 2 月，陶溪川直播基地入驻企业商户总数达到 6000 家，累计孵化陶瓷主播 1 万余人，帮助上万陶瓷商家从线下销售转向线上销售。2021 年直播基地商品交易总额达 30.67 亿元，2022 年直播带货愈加火爆，单日最高成交额达 3500 万元。2021 年打造的珠山区陶瓷跨境电商产业园，已吸纳好活科技、敬瓷轩、简凡陶瓷、发现物流等 30 余家陶瓷及配套企业入驻，成功推动了传统陶瓷产业的数字化发展。

在推动陶瓷跨界融合上，景德镇市还围绕"陶瓷＋生活＋艺术"，开创了"陶瓷文化＋体验＋旅游＋个性化定制"的"陶瓷生活4.0"发展模式,成功举办了首届中国陶瓷茶具产品及设计大赛、花器大赛、大千集艺术作品展等一系列活动,促进了陶瓷产业与茶产业、花器产业和服饰产业的交流融合。以承办2021年江西省旅游产业发展大会为契机,打造了"十五景、三宴、三剧"等特色文旅新IP,形成了以陶阳里、陶溪川为代表的文化游,以中国陶瓷博物馆为代表的研学游,以名坊园、智造工坊为代表的工业游,以高岭中国村、瓷乐、瓷宴为代表的沉浸游。截至2023年3月,全市A级景区总数达到34家,其中5A级景区1家、4A级景区11家。同时,把文旅消费从白天拓展到黑夜,打响了"夜珠山"夜经济品牌,挖掘了夜游、夜展、夜淘、夜购等"十夜"场景,获评2个国家级、4个省级夜间文旅消费集聚区,夜经济收入占到旅游总收入的27%[①]。

(三) 陶瓷人才引育力度加强

"匠从八方来,器成天下走",景德镇陶瓷产业的繁荣离不开陶瓷人才的贡献。截至2022年9月,景德镇拥有陶瓷从业人员15万名,占城区总人口的36%;拥有各类陶瓷技能人才4.5万人;拥有陶瓷类本科院校1所、其他本科院校2所、陶瓷类高职院校2所;拥有景德镇陶瓷研究院、江西省陶瓷研究所、国家日用及建筑陶瓷工程技术中心等各类陶瓷研究所和研究中心。浓郁的陶瓷文化也吸引了更多国内外艺术家和制瓷专家前来景德镇,截至2022年1月,景德镇有超过3万名"景漂",高峰时期有5000多名的"洋景漂"。这些"景漂"和"洋景漂"汲取了千年瓷都文化,用丰富多彩的艺术创作推动着景德镇陶瓷文化的创新发展。丰富的陶瓷人才资源,为景德镇陶瓷产业的长远发展提供了保障。

景德镇为吸引和留住人才,一方面,以"虚拟机构、实体运行"模式设立了景德镇市招才引智局、景漂景归人才服务局,负责统筹全市人才职能、政策、资金、项目,实现人才政策"一个口子报、一个口子出",制定并出台了《中共景德镇市委关于深化人才发展体制机制改革的实施意见》《景德镇市"3＋1＋X"产业人才发展实施办法(试行)》《景德镇市"3＋1＋X"产业人才发展十条政策》及各项专项政策,给人才创造良好的政策环境;另一方面,不断加大引才、育才和用才平台建设。平台

---

① 王竹青.江西景德镇:活态化传承 用陶瓷文化讲好中国故事[N].中国文化报,2023-03-08.

是聚集人才的必备要素,一流的平台集聚一流的人才。为充分利用特色陶瓷资源优势,景德镇倾力打造了陶溪川、三宝瓷谷等一批集创意、交流、旅游于一体的文化交流承载平台;与故宫博物院、中央美术学院、中国美术学院等机构合作办学、办展,搭建高层次的交流新平台;与上海社会科学院合作,推动中国陶瓷发展研究院智库建设。截至2020年4月,景德镇还依托驻外办事机构、商会等组织,在北京、上海、广州、深圳建立了4家招才引智联络站;开展院士工作站建设,引进9名院士,建成2家"海智计划"工作站、2家博士后科研工作站、3家博士后创新实践基地,为景德镇陶瓷人才建设夯实了基础。

(四)陶瓷品牌建设初具成效

品牌强才能产业兴,景德镇陶瓷品牌建设是支撑景德镇区域品牌持久发展的根本。当前,景德镇陶瓷品牌建设主要分为区域品牌建设和企业品牌建设。从宋真宗赐年号"景德"开始,2000多年的冶陶史、1000多年的官窑史,600多年的御窑史,使景德镇形成了强大而鲜明的区域品牌影响力。

与区域品牌建设相比,景德镇的陶瓷企业品牌建设困难重重。20世纪50年代,景德镇十大瓷厂形成了一批具有国际影响力和市场认可度的陶瓷品牌,如建国瓷厂的珠光牌高温颜色釉瓷,人民瓷厂的长青牌青花梧桐瓷系列,艺术瓷厂的福寿牌粉彩、古墨彩瓷系列,光明瓷厂的玩玉牌青花玲珑瓷系列,红旗瓷厂的玉花牌釉下彩瓷系列,为民瓷厂的高美牌日用陶瓷,宇宙瓷厂的高岭牌日用陶瓷等。但随着市场的变化,这些品牌逐渐消失在历史的长河中。

进入21世纪,景德镇多措并举,大力实施陶瓷品牌战略。截至2021年,全市共有红叶、玉风、法蓝瓷等5个中国驰名商标,富玉、望龙、诚德轩、玉柏、千年博大等多个江西省著名商标,闲云居、圣恩达等多个景德镇知名商标[①],在国内外消费者中拥有良好的口碑。

与此同时,景德镇陶瓷知识产权保护也在有力推进。2021年景德镇获评"全国版权示范城市",成为中部地区首个、全国第13个版权示范城市,获批设立景德

---

① 方霞云.用品牌的力量赋能陶瓷产业高质量发展——景德镇陶瓷品牌建设的回眸与思考[J].景德镇陶瓷,2021(4).

镇国家陶瓷版权交易中心、景德镇知识产权法庭。2021年,景德镇版权作品登记量突破一万余件,登记量在全省设区市中排名第一,陶瓷专利申请总量有2000多件,约占全市专利申请量的一半多。2020—2021年,景德镇陶瓷领域累计获得国家、省、市科技进步奖3项。

二、景德镇陶瓷产业发展的SWOT分析

(一)优势

1. 资源优势

在漫长的陶瓷发展历程中,景德镇汇各地良工、集天下名窑之大成,名扬海内外。"景德镇"这三个字已然成为一面金字招牌、一张代表中国陶瓷的名片。

2000多年的冶陶史,传承下来了各项制瓷工艺,尤其是知识和技术经验是其他地区难以模仿的。在景德镇,陶瓷的生产经营几乎遍布在城市的每个角落,产生了近乎全民制瓷的产业链优势。

同时,当地陶瓷大家云集,专业人才济济。国家级工艺美术大师,陶瓷工艺美术专业教授,省、市高级工艺美术师和民间陶艺人,再加上从事陶瓷行业的人口众多,以及每年吸引过来创作交流的成千上万境内外陶瓷艺术家,形成了庞大的、丰富的陶瓷人才队伍。景德镇陶瓷大学、中国轻工业陶瓷研究所、江西省陶瓷研究所、景德镇陶瓷研究院等高等教育和科研单位也为景德镇陶瓷产业发展提供了坚实的后盾。

2. 政策支持

产业的发展离不开政策支持。景德镇市政府高度重视陶瓷产业的发展,围绕陶瓷产业发展的实际需求,相继出台了各项陶瓷发展专项政策,并提供了大量的政策扶持优惠,为各类陶瓷企业营造出良好的创业和兴业环境。

2019年8月,景德镇获批全国文化类试验区——景德镇国家陶瓷文化传承创新试验区;同年12月,景德镇获批国家外贸转型升级基地(陶瓷);2020年6月,获批设立国家级文化生态保护试验区;2021年9月,景德镇入选第二批国家文化出

口基地名单;2021年10月,景德镇市成为中部地区首个、全国第13个全国版权示范城市,以及国家文化和旅游消费试点城市;2022年1月,中国(景德镇)跨境电子商务综合试验区正式获批。这些国家级、省级的政策优势会转变为景德镇陶瓷产业发展的新动能。

(二) 劣势

1. 产业竞争力不强

相比盛名在外的景德镇陶瓷文化,"千年瓷都"景德镇并未在行业内占据绝对主导地位,其经济效益在某些方面甚至还落后于国内其他产瓷区。截止到2018年底,景德镇各类陶瓷企业、作坊、工作室共计6773家,陶瓷电商9847家。从绝对数量来看,企业规模不少于甚至还略高于国内其他产瓷区,但规模以上陶瓷企业占比仍然偏低,只有1.7%(见表5-1),全市尚无一家陶瓷类上市企业,缺乏能引领景德镇陶瓷产业发展的龙头企业。当前,企业占比数量较多的是艺术陈设陶瓷企业,但这类企业往往因产业工艺标准缺失,导致行业产品价格体系混乱,标杆价值不明显等问题。

在传统制造业转型升级与消费升级的大环境下,中国制造以工匠精神为转型升级之灵魂,被各行业追捧。以传承手工艺为核心的景德镇陶瓷产业自然成为践行区。也因此,以产品工艺、文化纵向深度挖掘为形式的产品思维,成了产业转型升级的主流。但是,工艺价值或小众群体需求价值的提升,只适应高度繁杂又分散的手工业形态,却无法带动产业整体向工业化、规模化方向发展。

表 5-1 2018年景德镇陶瓷企业结构统计表

企业类型	数量/家	占比/(%)
规模以上陶瓷企业	115	1.70
艺术陈设陶瓷	4997	73.78
日用陶瓷	1050	15.50
工业陶瓷	87	1.28
先进陶瓷	66	0.97
手工创意陶瓷	104	1.54

续表

企业类型	数量/家	占比/(%)
陶瓷配套	469	6.92
总量	6773	100

(数据来源:景德镇国家陶瓷文化传承创新试验区管理委员会办公室。)

注:①6773家陶瓷企业数量是由艺术陈设陶瓷、日用陶瓷、工业陶瓷、先进陶瓷、手工创意陶瓷、陶瓷配套企业数量汇总而得,不含115家规模以上陶瓷企业;②规模以上陶瓷企业是单列项,是指6773家陶企中有115家规上企业。

2. 空间地理优势不够显著

产业的发展,尤其是对外出口,在一定程度上与城市所处的地理位置有着很大关联。景德镇虽位于赣、皖、浙三省交界之处,辖区内有着景德镇站、景德镇北站两个火车站,有景德镇罗家机场,有杭瑞、景鹰、德昌、景婺黄四条高速公路,但作为一个内陆城市,其空间地理位置相比潮州、佛山、德化等沿海城市,仍处于相对劣势状态。由于出口运输成本较高,很多景德镇本土陶瓷企业只做内贸,出口报关,甚至对外出口磋商主要依靠上海、深圳等城市的贸易公司完成,致使景德镇陶瓷实际陶瓷出口规模较小。

消费者离企业越来越远,消费者实际支付的价格就越高,从而导致消费者会减少对企业产品的需求。陈晓华、刘慧(2015)在对出口贸易地理优势异质性研究中指出,具有契约型地理优势或毗邻进口大国型空间地理优势的地区拥有促进技术复杂度升级的正效应区间。作为不具备契约型地理优势和空间地理优势的景德镇,陶瓷产业的自主技术创新效率则相对有限。

(三) 机遇

1. "互联网+陶瓷"的推广和应用

随着直播、跨境电商等互联网数字化技术的推广和应用,原有时空界限带来的制约因素正在逐渐消失。在互联网等数字化技术的影响下,景德镇陶瓷产业面临着更为广阔的市场空间,目标市场规模将不断扩大,市场客户需求体量将进一步增加。在一定程度上,景德镇陶瓷产业的发展取决于国内外市场的有效需求。

有效需求与供给的动态匹配是产业不断成长壮大的前提。

当前,景德镇市国控集团与北京快手科技有限公司合作打造快手景德镇陶瓷产业创新发展中心,景德镇陶瓷集团与阿里巴巴集团旗下天猫携手打造"国瓷馆·天猫直播基地",这些陶瓷产品销售新业态改变了原有景德镇陶瓷产业生态,让景德镇在互联网数字化的浪潮下再现"器成天下走"的辉煌。据不完全统计,2021年景德镇陶瓷直播电商年交易额为70亿元至75亿元,占全国陶瓷直播电商交易量的70%左右。

2. RCEP 协议的生效和实施

《区域全面经济伙伴关系协定》(Regional Comprehensive Economic Partnership,简称 RCEP)成员国区域一直是景德镇陶瓷出口的主要目标市场。2022年1月1日,RCEP 在6个东盟成员国(文莱、柬埔寨、老挝、新加坡、泰国、越南)和中国、日本、新西兰、澳大利亚4个非东盟成员国之间生效。同年,2月1日对韩国生效,3月18日对马来西亚生效,5月1日对缅甸生效。2023年1月2日对印度尼西亚生效,6月2日对菲律宾生效。目前 RCEP 的15个签署成员国已全部生效。RCEP 协定的生效,一方面可以让景德镇陶瓷出口企业享受关税减让、贸易便利等直接贸易效应;另一方面,由于市场准入的放宽,以及原产地累积规则,可以助推景德镇陶瓷企业在全球进行产业价值链布局,促进景德镇陶瓷产业的转型升级。

(四)挑战

1. 国内各大陶瓷产区竞争激烈

中国是世界陶瓷生产大国和出口大国,年产量和出口量居世界前列。其中,2021年日用陶瓷占全球总产量的70%,艺术陈设瓷占全球总产量的65%,建筑陶瓷占全球总产量的64%,卫生洁具陶瓷占全球总产量的50%。截至2019年,全国共有33个陶瓷主要生产区,遍及国内各大主要省(区、市)。与潮州、德化、佛山等沿海产瓷区相比,景德镇陶瓷产业的机械化应用和规模效应明显不足,运输成本高,地理优势不显。然而,与法库、鄂尔多斯等新兴产瓷区相比,景德镇的城市地位、环境空间容量和生产成本又限制了其陶瓷产业的发展。以内蒙古鄂尔多斯为例,其土地面积8.7万平方千米,耕地面积约占农业用地面积的5%,工业用地不需要占用耕地,地价低廉,陶瓷建厂成本低。除此之外,鄂尔多斯丰富的煤炭和天然气资源,也使得该地区陶瓷生产成本优势显著,这些都是景德镇陶瓷产业不可比拟的优势。

2. 国内陶瓷产能相对过剩

2022年华泰证券研究报告显示,国内陶瓷企业的产能利用率从2011年的80.5%一路下滑至2021年的69%,超过三成的产能处在待业当中。受国内外诸多因素影响,当前国内未曾复产过的生产线已超过500条。实际上,由于成本上涨,库存积压,短暂性停窑的生产线也不在少数。

自2022年以来,陶瓷行业洗牌逐渐凸显出来。陶瓷行业正从过往的"野蛮生长"进入"提质拼价"阶段,各企业都在比拼谁的成本更低,谁的销量更胜一筹,竞争愈发激烈,陶瓷企业破产和倒闭的现象也频频出现。根据《陶瓷信息》统计的数据,仅2020年,全国就有67家规模以上建陶企业退出市场。2022年,又有41起陶瓷企业破产、清算或重整案件。

除此之外,随着"煤改气"政策的推进和"双碳"目标的实施,陶瓷企业的燃料普遍从煤矿换成了天然气,天然气逐渐成为行业使用的主要能源,但其价格和供应量的不稳定直接影响了陶瓷行业的发展。尤其到了供暖季,天然气的价格成倍上涨,陶瓷产业较低的利润很容易被上涨的天然气价抵消。同时天然气供应量不能保证,断供现象频发,也直接导致了陶瓷企业的生产计划受阻。

(五) SWOT 综合分析

景德镇陶瓷产业发展的 SWOT 分析如表5-2所示。

表 5-2　景德镇陶瓷产业发展的 SWOT 分析

	优势(S): 1. 资源优势 2. 政策支持	劣势(W): 1. 产业竞争力不强 2. 空间地理优势不够显著
机遇(O): 1. "互联网+陶瓷"的推广和应用 2. RCEP的生效和实施	SO 战略 利用资源和政策优势抢占陶瓷产业数字经济制高点,提升国内外陶瓷话语权	WO 战略 利用数字技术和国家政策红利提升产业竞争优势,弱化空间地理劣势

续表

	优势(S): 1.资源优势 2.政策支持	劣势(W): 1.产业竞争力不强 2.空间地理优势不够显著
挑战(T): 1.国内各大陶瓷产区竞争激烈 2.国内陶瓷产能相对过剩	ST战略 利用资源和政策优势,提升产品特色和消费者满意度	WT战略 优化产业链布局,提高产业集聚能力和创新能力,注重头部企业的培养

第二节 景德镇陶瓷出口贸易现状

作为代表中国陶瓷文化的"瓷都",景德镇陶瓷在世界各国享有盛誉。在第二个百年奋斗目标征程中,如何释放陶瓷产业需求、扩大外贸规模,继续书写景德镇陶瓷的宏伟篇章,是当前景德镇陶瓷产业发展的首要任务。

一、出口贸易规模波动明显

自2006年开始,景德镇陶瓷产品出口经历了大起大落。从发展趋势来看,可以分为三个阶段(见图5-2):第一阶段是2006—2010年,陶瓷出口规模从2006年的0.42亿美元迅速上升至2010年的3.08亿美元,创历史新高。究其原因在于这一时期景德镇出台了一系列振兴陶瓷发展的举措,提出了跳出陶瓷抓陶瓷,以大开放为主战略、以园区为主战场、以招商引资为主抓手,高标准建设陶瓷科技园和陶瓷工业园,引进增量做大总量,实现陶瓷业由政府投入向民资、外资投入的转变的发展思路。在承接陶瓷产业梯度转移的背景下,景德镇陶瓷产业的招商引资取得了突破性进展,外来陶瓷企业落户"瓷都"从无到有。台达、海畅、金意陶、浙江神飞等陶瓷企业相继在园区建厂。这些企业不仅带来了先进的生产技术、管理理念,也带来了新的市场,促使外贸出口迅速增长。

第二阶段是2011—2016年,陶瓷出口规模由2010年的3.08亿美元迅速下跌至2016年的0.36亿美元。究其原因在于这一时期欧盟针对中国陶瓷餐具发起反倾销调查。当时景德镇共有11家出口欧盟的陶瓷企业,这些企业的陶瓷餐具出口几乎全军覆没。部分企业由于运营模式单一,抗风险性较差,不能直面应对国际压力,宁愿退出外贸转为内销,最终导致景德镇陶瓷出口规模一路下滑。

第三阶段是2017—2022年,陶瓷出口规模波动频繁,先由2017年的0.41亿美元上升至2018年的0.60亿美元,而后又一路下跌至2021年的0.33亿美元。在景德镇国家陶瓷文化传承创新试验区建设的推动下,景德镇陶瓷出口规模开始强势复苏。2022年,景德镇陶瓷出口创近十年来的新高,同比增长133.33%,未来可期。

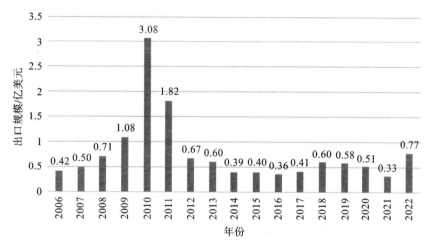

图5-2 2006—2022年景德镇陶瓷出口规模

(数据来源:景德镇年鉴。)

二、出口市场集中度较高

景德镇陶瓷出口遍及世界各大洲、各大洋,涉及上百个国家。但总体而言,出口区域发展不均衡,市场较为集中。中国陶瓷网2019年数据显示,景德镇出口主要目标市场是美国,占景德镇陶瓷产品出口总额的35%左右;其次是日本,占比约20%;其他依次是新加坡、马来西亚、韩国、英国、沙特阿拉伯、阿联酋、尼日利亚、西班牙,具体占比情况如图5-3所示。排名前十的国家总占比高达91%,其余国家的占比则不足10%。从出口区域来看,排名前十的国家中有6个亚洲国家,2个欧洲国家,1个非洲国家和1个美洲国家。

近年来,亚洲市场增速较为明显。2022年1月至10月景德镇陶瓷出口到"一带一路"沿线37个国家和地区的总值高达1.6亿元人民币,同比增长244.6%。

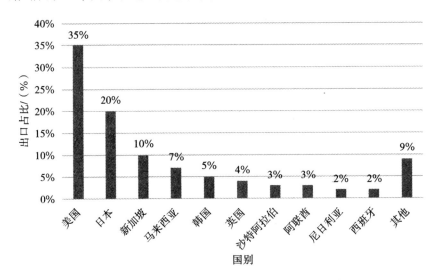

图 5-3　2019 年景德镇陶瓷出口国别分布

（数据来源：景德镇年鉴。）

三、会展经济助力景德镇陶瓷"走出去"

展览展销一直以来都是景德镇陶瓷贸易的主要出口模式。自清末民初以来,景德镇瓷器就多次参加世界博览会,并频获嘉奖。如民国三年(1914年)徐播生的《瓷雕龙船》获美国芝加哥国际博览会金质奖和优胜奖;民国四年(1915年)王大凡的《富贵寿考》粉彩瓷板画、汪野亭的《墨彩山水》瓷板画和"鄢德亿瓷号"乌金釉瓶在巴拿马太平洋万国博览会上荣获金质奖章。

当前,景德镇会展经济效应日益凸显,正逐步成为江西省重要的会展主办城市和输出城市。一方面,景德镇借助荣膺"世界手工艺与民间艺术之都"的契机,加入全球创意城市网络,主动融入"一带一路"建设,与法国利摩日、英国斯托克等国外20多个产瓷城市建立了友好关系。近两年,景德镇先后在荷兰、澳大利亚举办了"故宫瓷器——皇帝御用"暨景德镇御窑陶瓷特展和江西景德镇陶瓷文化艺术展等系列活动,在市场竞争中抢占了先机。同时,景德镇还以陶瓷工业园为主要平台,不断推动陶瓷产业科技创新和转型升级,带动不少陶瓷企业在国外设立了分公司或专卖店,不断夯实了其向海外市场拓展的力量。

另一方面,景德镇全力打造瓷博会,品牌经济与国际效应显现。自2004年开始,景德镇逐年举办集陶瓷精品展示、陶瓷文化交流、陶瓷产品交易于一体的中国景德镇国际陶瓷博览会。截至2022年已连续举办19届,累计吸引了来自世界49个国家和地区共计2400多家参展企业、3000多家采购公司的20000多位中外嘉宾与会,旅游、观光人员达到91万人次。2022年瓷博会期间,共吸引了40多个客商团组、2000多家企业在线上线下参展,已成为中国乃至世界陶瓷领域具有较高影响力和知名度的重要平台。

四、数字技术为陶瓷贸易注入新动力

在"互联网+"背景下,"买全球""卖全球"正成为新常态。作为传统手工业代表的景德镇陶瓷,近年来在电子商务、直播等数字浪潮的推动下,积极探索"互联网+陶瓷"的数字化发展路径,搭乘数字经济这辆"快车"全速助力陶瓷等传统产业的转型升级。为此,景德镇先后打造了位于浮梁县城区的58科创跨境电商产业园、珠山区陶瓷跨境电商产业园等电商集聚区和跨境电商孵化基地,成功跻身全国电商百强城市。景德镇市商务局信息显示,2021年,景德镇有9847家企业从事陶瓷电商,50148家企业均有注册网上店铺,网商指数居江西省前列,网络零售额达118.31亿元。2021年,景德镇首票跨境电子商务B2B直接出口(9710模式)业务在景德镇顺利落地,为景德镇陶瓷外贸发展开辟了新通道。截至2022年12月,景德镇注册跨境电商企业已达40余家,珠山区和浮梁县跨境电商产业园B2B业务实现出口10亿余元。

2022年7月,中国(景德镇)跨境电子商务综合试验区线上公共服务平台正式上线,实现了平台与海关、税务等政府监管部门之间数据共享,为跨境电商企业提供出口权申报指南、综试区企业注册备案、跨境电商订单申报等政务服务,打造了跨境电商综试区高效、便利、一流的外贸服务平台。2022年11月,景德镇举办首届中国陶瓷产业贸易数字化大会暨 2022 景德镇陶瓷双线国际直采对接会,吸引来自 22 个国家的驻华境外陶瓷行业采购商代表、境外商协会代表、跨境电商头部企业代表参加,达成意向成交金额 7810 万元,签约金额 2600 万元。

第三节 景德镇陶瓷出口竞争力测量

出口竞争力是指一国家和地区的产品或产业开拓国际市场,获取市场份额及利润的能力。其差异是国际分工产生的基础,并决定了不同国家或地区参与国际分工的范围、结构和深度。目前,国际上对出口竞争力的定义尚未统一。大多数专家学者是从产业竞争力的角度分析出口竞争力,其测量的定量指标有国际市场占有率(MS)、贸易竞争力指数(TC)、显示性比较优势指数(RCA)等。

一、国际市场占有率

国际市场占有率(Market Share,简称 MS)是衡量某个区域产品的国际竞争力及国际地位的一个重要指标,主要评价某个区域的产品出口额占世界该类产品出口总额的比重。国际市场占有率的高低衡量着行业竞争力的强弱,占比高,则意味着该区域产品的出口竞争力强,反之则较弱。

从表 5-3 中可以看出,我国陶瓷出口总额呈稳定增长态势,占世界陶瓷市场份额由 2011 年的 35.71% 上升至 2022 年的 44.08%。而再反观景德镇陶瓷,占世界陶瓷出口总额的比重一直偏低,不足 1%,且近年来呈下降态势,由 2011 年的 0.46% 降至 2022 年的 0.10%。由此可见,景德镇陶瓷的国际竞争力有下降趋势,其出口市场份额正在不断被国内外其他产瓷区吞噬,出口形势面临恶化。

从变化趋势来看,近年来,因国内外消费疲软,景德镇出口海运和出口通道受阻,尤其是景德镇陶瓷出口长期以来的会展展销方式面临较大困境,导致景德镇 2020—2021 年国际市场占有率明显下滑。但随着市场的逐渐好转,2022 年景德镇陶瓷国际市场占有率有了较大的反弹,未来可期。

表 5-3 2011—2022 年景德镇及中国陶瓷出口 MS 指数

年份	景德镇陶瓷出口额/亿美元	中国陶瓷出口总额/亿美元	世界陶瓷出口总额/亿美元	景德镇陶瓷MS指数	中国陶瓷MS指数
2011	1.82	140	392	0.46%	35.71%
2012	0.67	167	454	0.15%	36.78%
2013	0.60	191	470	0.13%	40.64%
2014	0.39	219	511	0.08%	42.86%
2015	0.40	260	554	0.07%	46.93%
2016	0.36	182	564	0.06%	32.27%
2017	0.41	193	490	0.08%	39.39%
2018	0.60	215	550	0.11%	39.09%
2019	0.58	251	595	0.10%	42.18%
2020	0.51	251	613	0.08%	40.95%
2021	0.33	306	695	0.05%	44.03%
2022	0.77	324	735*	0.10%	44.08%

(数据来源：景德镇统计年鉴、联合国贸易数据库。其中，2022 年世界陶瓷出口数据为预测数据。)

对比佛山、潮州、德化等主要陶瓷出口区域不难发现，景德镇 MS 指数明显较低。2022 年，佛山 MS 指数为 4.68%、潮州 MS 指数为 1.87%、德化 MS 指数为 0.39%，由此可见，景德镇陶瓷的国际竞争力明显弱于这些陶瓷出口强市(县)。

二、贸易竞争力指数

贸易竞争力指数(Trade Competitive Power Index，简称 TC)，主要用来衡量某一区域产品进出口贸易差额占该产品进出口贸易总额的比重。当 TC＞0 时，说明该产品的国际竞争优势较大，且越接近 1(100%)，就意味着国际竞争力越强；当 TC＝0 或接近 0 时，说明该产品的国际竞争与国际水平相当，处于水平分工的状态；当 TC＜0 时，说明该产品的国际竞争优势较弱，且越接近−1(−100%)，就意味着该产品只有进口没有出口。

从表 5-4 中可以看出，我国陶瓷进出口差额由 2011 年的 132.57 亿美元上升至 2022 年的 315.91 亿美元,TC 指数也随之从 2011 年的 89.92% 增至 2022 年的 95.13%,整体呈增长态势。反观景德镇,其陶瓷进口总额整体呈增长趋势,由 2011 年的 0.002 亿美元上升至 2020 年的 0.060 亿美元,2021—2022 年受从事进口贸易的企业成本上涨及国内叠加需求市场的下行影响,中国陶瓷进口总额同比下滑。景德镇陶瓷 TC 指数也随之从 2011 年的 99.78% 下滑至 2020 年的 78.95% 又反弹至 2022 年的 95.93%。整体而言,景德镇陶瓷的贸易竞争力有下滑趋势。

表 5-4 2011—2022 年景德镇及中国陶瓷出口 TC 指数

年份	景德镇陶瓷出口额/亿美元	中国陶瓷出口总额/亿美元	景德镇陶瓷进口总额/亿美元	中国陶瓷进口总额/亿美元	景德镇陶瓷TC指数	中国陶瓷TC指数
2011	1.82	140	0.002	7.43	99.78%	89.92%
2012	0.67	167	0.005	6.57	98.52%	92.23%
2013	0.60	191	0.006	6.89	98.02%	93.04%
2014	0.39	219	0.007	7.78	96.47%	93.14%
2015	0.40	260	0.008	7.04	96.08%	94.73%
2016	0.36	182	0.009	7.90	95.12%	91.68%
2017	0.41	193	0.037	10.23	83.45%	89.93%
2018	0.60	215	0.058	12.22	82.37%	89.24%
2019	0.58	251	0.045	12.79	85.60%	90.30%
2020	0.51	251	0.060	13.46	78.95%	89.82%
2021	0.33	306	0.012	19.00	92.98%	88.31%
2022	0.77	324	0.016	8.09	95.93%	95.13%

(数据来源:景德镇统计年鉴、联合国贸易数据库。)

三、显示性比较优势指数

显示性比较优势指数(Revealed Comparative Advantage Index,简称 RCA),主要衡量某一区域某种产品的出口额占该区域出口总额的份额与世界贸易中该产品的出口额占世界贸易出口总额的份额之比。一般而言,如果 RCA>2.5,则表明该区域产品具有极强的竞争力,如果 1.25≤RCA≤2.5,则表明该区域产品具有较强的国际竞争力,如果 0.8≤RCA<1.25,则表明该区域产品具有中度的国际竞争力,如果 RCA<0.8,则表明该区域产品的国际竞争较弱。

从表 5-5 中可以看出,我国陶瓷 RCA 指数相对稳定,常年维持在 3 左右,显示出中国陶瓷在世界市场上具有极强的竞争优势。而在世界市场享有盛誉的景德镇陶瓷,其贸易竞争优势更为显著。但从近年来的变化趋势来看,景德镇陶瓷的贸易竞争力有明显下滑趋势,其 RCA 指数由 2011 年的 68.26 迅速下降至 2022 年的 7.2,未来仍有下跌压力。

表 5-5 2011—2022 年景德镇及中国陶瓷出口 RCA 指数

年份	景德镇陶瓷出口额/亿美元	景德镇出口总额/亿美元	中国陶瓷出口总额/亿美元	中国出口总额/亿美元	世界陶瓷出口总额/亿美元	世界出口总额/亿美元	景德镇陶瓷RCA指数	中国陶瓷RCA指数
2011	1.82	12.39	140	18983	392	182170	68.26	3.43
2012	0.67	12.13	167	20487	454	183000	22.26	3.29
2013	0.60	10.97	191	22090	470	186000	21.65	3.42
2014	0.39	7.58	219	23422	511	187000	18.83	3.42
2015	0.40	7.75	260	22734	554	164800	15.35	3.40
2016	0.36	6.45	182	20976	564	155000	15.34	2.38
2017	0.41	8.13	193	22633	490	171980	17.70	2.99
2018	0.60	10.20	215	24864	550	194750	20.83	3.06
2019	0.58	9.14	251	24992	595	190000	20.26	3.21
2020	0.51	9.47	251	25890	613	170000	14.94	2.69
2021	0.33	12.50	306	33623	695	224000	8.51	2.93
2022	0.77	36.37	324	35634	735*	250000*	7.20	3.09

(数据来源:景德镇统计年鉴、联合国贸易数据库。其中,2022 年世界陶瓷出口数据和世界货物贸易额为预测数据。)

反观佛山、潮州、德化等主要陶瓷出口区域,RCA 指数远远高于景德镇。2022 年,佛山 RCA 指数为 14.00、潮州 RCA 指数为 151.82、德化 RCA 指数为 297.11,这些国内陶瓷出口强市(县)的出口竞争优势相当于景德镇陶瓷的 2 倍至 50 倍不等。可见,景德镇陶瓷的出口竞争优势相对较弱。

第四节　景德镇陶瓷出口贸易存在的主要问题

一、陶瓷出口占比始终偏低

作为景德镇三大支柱产业之一的陶瓷产业,出口历史悠久,陶瓷自隋唐以来就是海上丝绸之路上的大宗商品。元代,景德镇生产的青花瓷曾沿着"丝绸之路"远销海内外40多个国家和地区。改革开放初期,作为外销瓷的主力军,景德镇陶瓷远销全球130多个国家和地区,出口创汇约占全国日用陶瓷出口创汇总额的五分之一。然而,在由计划经济向市场经济转型过程中,景德镇陶瓷却并没有保持其"领头羊"的行业地位。

从表5-6可见,自2011年开始,景德镇陶瓷出口额占中国日用陶瓷出口总额的比重逐年下降,由2011年的1.30%下降至2022年的0.24%,期间虽略有波动,但整体而言,占比仍相对较低,下跌态势明显。在行业总占比下降的同时,景德镇陶瓷出口额占景德镇出口总额的比重也在逐年下降,由2011年的14.69%下降至2022年的2.12%,这一比重与其作为支柱产业的身份明显不符。

与此同时,在景德镇陶瓷工业总产值快速攀升、不断增长的时候,景德镇陶瓷出口额占景德镇陶瓷工业总产值的比重却呈下降趋势,由2011年的6.33%下降至2021年的0.43%,近年来占比甚至不足1%。由此可见,当前景德镇陶瓷销售仍然侧重于内贸,而非外贸。相比外贸而言,内贸交易链具有短平快,流程简单易操作,但利润较低,同质化严重,竞争激烈等特征。通过对景德镇陶瓷行业进行市场调研发现,景德镇陶瓷企业数量众多,但普遍规模较小。不少企业只注重生产,将主要精力和时间用在陶瓷艺术创作和手工制作上,缺乏系统的营销理论和管理经验,尤其是国际市场营销。大部分陶瓷企业因为自身产量不高,满足于既有的国内市场份额,不愿意在开拓海外市场中投入过多精力。即使选择出口,也基本选择通过业务外包方式,委托沿海城市的贸易公司代理出口,其实际出口收益与国内贸易相差无几,因此企业的出口意愿并不强烈。

表 5-6　2011—2022 年景德镇陶瓷出口占比分析

年份	景德镇陶瓷出口额占中国日用陶瓷出口总额的比重	景德镇陶瓷出口额占景德镇出口总额的比重	景德镇陶瓷出口额占景德镇陶瓷工业总产值的比重
2011	1.30%	14.69%	6.33%
2012	0.40%	5.52%	2.09%
2013	0.31%	5.47%	1.61%
2014	0.18%	5.15%	0.90%
2015	0.15%	5.16%	0.80%
2016	0.20%	5.58%	0.66%
2017	0.21%	5.04%	0.74%
2018	0.28%	5.88%	1.00%
2019	0.23%	6.35%	0.92%
2020	0.20%	5.39%	0.86%
2021	0.11%	2.64%	0.43%
2022	0.24%	2.12%	—

（数据来源：依据景德镇年鉴、景德镇统计局、联合国商品贸易统计数据库，自行整理而得。）

二、出口产品缺乏核心竞争力

企业核心竞争力这一概念最初由美国战略学家普拉哈拉德(C. K. Prahalad)和哈默尔(G. Hamel)于 1990 年提出，主要指能够为企业带来比较竞争优势的资源，以及资源的配置与整合方式。一个企业可以凭借着核心竞争力在激烈的市场竞争中脱颖而出，使产品和服务的价值在一定时期内得到提升。

当前，景德镇陶瓷过于依赖历史留下的赞誉，而忽视价值链的两端，即产品创新和营销服务。与法库、鄂尔多斯等新兴产瓷区相比，景德镇陶瓷的生产成本相对较高，产品的成本竞争优势不明显。而与佛山、潮州等强势产瓷区相比，身处内陆城市的景德镇陶瓷物流交易成本较高，且陶瓷产品的更新换代非常缓慢，很少有企业能够针对海外需求的变化开发适销对路的产品，产品同质化现象严重，创新、服务等核心竞争优势不显。总体而言，景德镇陶瓷在生产技术、服务、质量、品牌战略、管理、营销、信息等方面与国内外知名陶瓷品牌相比,仍存在较大差距。

要想提高核心竞争力,就要在研发及创新方面下功夫。但是从企业角度而言,核心竞争力不足,研发投入就会更少。在没有核心竞争力的情况下,想要开拓国内市场,或开拓更具地域性特征的国外市场,则难上加难,技术上无法取胜,那就只有考虑价格竞争优势。而要想在价格上取得优势,必然要控制成本。企业控制成本通常有两种方法:一是在企业价值创造的每一个环节上实行有力的成本控制手段;二是重构成本更低的价值链,即可以用效率更高的方式来设计、制造和分销产品。但这两种方式对当下仍采用传统陶瓷生产模式的景德镇而言都不容易实现。部分企业为了争夺市场份额,恶意降价,甚至出口低质、假冒伪劣产品,严重破坏了景德镇的行业环境和出口秩序。

品牌是价值增长的助推器。但是品牌建设是一个漫长的过程,需要投入大量的物力和财力,且短时间收效甚微。国内有许多知名陶瓷品牌,比如马可波罗、东鹏、欧神诺等,虽然景德镇也有红叶陶瓷等知名陶瓷品牌,但与国内知名品牌相比仍然相形见绌,市场占有率和知名度明显偏低。对品牌的忽视及对专利权的不重视,导致景德镇很多陶瓷企业只能贴牌生产。

三、业务模式单一且抗风险能力较差

我国陶瓷产业一直以来都是饱受海外贸易摩擦的重灾区。在澳大利亚于1980年对原产或进口于我国的陶瓷餐具启动首例陶瓷贸易救济调查后,我国陶瓷产品又陆续遭遇来自其他国家和地区发起的贸易救济调查,陶瓷出口严重受阻。这一情况在2008年以后尤其突出,随着全球经济下行,各个国家和地区的贸易保护主义陆续抬头,我国陶瓷出口遭遇国际贸易救济调查的频率呈明显上升趋势,陶瓷出口形势日益严峻。

中国贸易救济信息网的数据显示,截至2020年9月,我国陶瓷产业先后遭受澳大利亚、墨西哥等24个国家或地区发起的反倾销、反补贴、保障措施及特殊保障措施等贸易救济措施案件共计54起。从时间分布来看,2008年以前16起,2008年至2020年9月38起;从调查结果来看,被肯定性终裁的41起,被否定性终裁或终止调查的12起,另1起彼时正在立案调查中;从贸易救济的具体措施来看,实施反倾销的案件33起,实施保障措施的案件17起,实施特殊保障措施的案件3起,实施"双反"的案件1起;从涉案产品类型来看,涉及日用陶瓷的有16起,建筑卫浴陶瓷的有30起,特种陶瓷的有8起;从申诉国别来看,主要集中在发展中国家,其中印度7起、阿根廷6起、厄瓜多尔5起、土耳其、印度尼西亚和约旦各4起、巴西3起、菲律宾、哥伦比亚和秘鲁各2起,马来西亚、突尼斯、摩洛哥、乌克兰、韩国、埃及、巴基斯坦等国家和地区各1起;从申诉国地区分布来看,贸易救济调查主要集中在东南亚、中亚和拉丁美洲等新兴陶瓷出口区域。

在全球经济低迷的背景下,世界各地的保护主义措施愈演愈烈,与此同时,中国制造的成本红利正在减弱,大量海外合资陶瓷制造企业的诞生,让陶瓷市场竞争进入白热化阶段。在这样复杂严峻的形势下,仍采用传统陶瓷生产模式、营销模式的景德镇陶瓷企业,在新形势前面临着重大挑战。

第六章　陶瓷出口波动成因的实证分析：基于 CMS 模型的应用

第一节　CMS 模型与数据

一、CMS 模型

恒定市场份额模型(Constant Market Share,简称 CMS)最早可以追溯到泰森斯基(Tyszynski,1951),在利墨(Leamer)和斯特恩(Stern)、捷普马(Jepma)和米兰特(Milana)等学者的多次修改、补充和完善下,CMS 模型已成为国际贸易研究中的重要方法之一。在国外,Amador 和 Cabrial(2008)曾利用 CMS 模型分析欧洲国家出口的竞争力和结构效应变化对市场份额的影响;Munnik(2012)等运用 CMS 模型分析加拿大产品出口在全球市场中的表现。在国内,帅传敏等(2003)最早用 CMS 模型对中国农产品整体国际竞争力的波动展开分析,随后不同学者从不同领域用 CMS 模型展开贸易波动的成因分析。例如,周力、应瑞瑶(2008)用 CMS 模型对我国葡萄酒进口贸易波动展开研究;齐玮(2009)用 CMS 模型对我国纺织品服装出口波动展开分析;王正新等(2017)用 CMS 模型对我国高技术制造业出口贸易波动展开分析。

CMS 模型假设:如果一国某一产品的出口竞争力没有改变,那么该产品在世界市场中所占的份额也应不发生任何变化。因此,该商品出口规模的实际变化与世界其他国家同类产品出口规模变化之间差额可以归因为该产品出口竞争力的变化。影响一国某一产品贸易波动的因素可以分解为贸易结构、竞争力和贸易景气三个部分,因此,一国某一产品的贸易增长如果高于该商品全球贸易的平均增长主要归因于该商品的出口主要集中在那些需求增长较快的国家或地区,该商品的出口竞争力高于其他国家同类商品的出口竞争力,以及该商品全球市场需求的显著增加。

根据本章研究需要,我们采用捷普马(Jepma,1986)提出的两层分解公式,把出口的增长分解为两个层次,第一层次为结构效应、竞争力效应和交互效应,第二层次在第一层次的基础上进行更为详细的深入分解。其中,结构效应可以进一步分解为需求效应、商品结构效应、市场结构效应和结构交互效应;竞争力效应可以进一步分解为整体竞争力效应和具体竞争力效应;交互效应可以进一步分解为净次结构效应和动态结构效应。

其模型构建如下

$$q^t = \sum_i q_i^t = \sum_i s_i^t Q_i^t$$

q^t 代表出口国在 t 时期对目标市场的出口额,$\sum_i q_i^t$ 代表出口国 t 时期对目标市场的出口所有产品 i 的总和,s_i^t 代表出口国 t 时期在目标市场产品 i 的市场份额,Q_i^t 代表目标市场从世界市场进口产品 i 的总额。求导后经过连续化处理,可以得到如下公式

$$\Delta q = \sum_i s_i^t \Delta Q_i + \sum_i Q_i^t \Delta S_i$$

第一层次分解

$$\Delta q = \sum_i \sum_j S_{ij}^0 \Delta Q_{ij} + \sum_i \sum_j \Delta S_{ij} Q_{ij}^0 + \sum_i \sum_j \Delta S_{ij} \Delta Q_{ij}$$

第二层次分解

$$\Delta q = S^0 \Delta Q + (\sum_i \sum_j S_{ij}^0 \Delta Q_{ij} - \sum_i S_i^0 \Delta Q_i) + (\sum_i \sum_j S_{ij}^0 \Delta Q_{ij} - \sum_j S_j^0 \Delta Q_j)$$
$$+ (\sum_i S_i^0 \Delta Q_i - S^0 \Delta Q) - (\sum_i \sum_j S_{ij}^0 \Delta Q_{ij} - \sum_j S_j^0 \Delta Q_j)$$
$$+ \Delta S Q^0 + (\sum_i \sum_j \Delta S_{ij} Q_{ij}^0 - \Delta S Q^0) + \left(\frac{Q^t}{Q^0} - 1\right) \sum_i \sum_j \Delta S_{ij} Q_{ij}^0$$
$$+ \left[\sum_i \sum_j \Delta S_{ij} \Delta Q_{ij} - \left(\frac{Q^t}{Q^0} - 1\right) \sum_i \sum_j \Delta S_{ij} Q_{ij}^0\right]$$

其中,q 代表出口国对目标市场产业 I 的出口额,i 代表 I 产业的产品,j 代表目标市场,Q 代表目标市场从世界市场进口特定产业的进口总额,S 代表出口国在

目标市场特定产业中所占的市场份额，Q_i 代表目标市场从世界市场进口产品 i 的总额，S_i 代表出口国的 i 产品在目标市场所占的市场份额，Q_j 代表 j 国从世界市场进口特定产品的总额，S_j 代表出口国在 j 国特定产业中所占的市场份额，Q_{ij} 代表 j 国从世界市场进口产品 i 的总额，S_{ij} 代表出口国在 j 国产品 i 中所占的市场份额，0 代表基期。模型一、二层次分解的表达式含义如表 6-1 所示。

表 6-1 CMS 模型分解表达式含义解释

模型组成部分	含义	经济学解释
$\sum_i \sum_j S_{ij}^0 \Delta Q_{ij}$	结构效应	目标市场进口规模或进口结构变化引起的出口国出口额变动
$\sum_i \sum_j \Delta S_{ij} Q_{ij}^0$	竞争力效应	出口国竞争力增强引起的出口国出口额变动
$\sum_i \sum_j \Delta S_{ij} \Delta Q_{ij}$	交互效应	目标市场进口结构变动和出口国竞争力提升共同引起出口国出口额的变动
$S^0 \Delta Q$	需求效应	进口需求规模的变动引起的出口国出口额的变动
$\sum_i \sum_j S_{ij}^0 \Delta Q_{ij} - \sum_j S_j^0 \Delta Q_j$	商品结构效应	出口国出口商品主要是目标市场需求快速增长的商品
$\sum_i \sum_j S_{ij}^0 \Delta Q_{ij} - \sum_i S_i^0 \Delta Q_i$	市场结构效应	出口国产品主要集中在需求快速增长的目标市场国家或地区
$(\sum_i S_i^0 \Delta Q_i - S^0 \Delta Q)$ $- (\sum_i \sum_j S_{ij}^0 \Delta Q_{ij} - \sum_j S_j^0 \Delta Q_j)$	结构交互效应	产品结构变动和市场结构变动共同引起出口国出口额的变动

续表

模型组成部分	含义	经济学解释
ΔSQ^0	整体竞争力效应	出口国在世界市场中的市场份额变动导致出口国出口额变动
$\sum_i \sum_j \Delta S_{ij} Q_{ij}^0 - \Delta SQ^0$	具体竞争力效应	出口国特定产品的市场竞争力变动引发的出口国特定产品出口额的变动
$\left(\dfrac{Q^t}{Q^0} - 1\right) \sum_i \sum_j \Delta S_{ij} Q_{ij}^0$	净次结构效应	出口国调整出口结构满足目标市场进口规模变动影响下的出口额的变动
$\left[\sum_i \sum_j \Delta S_{ij} \Delta Q_{ij} - \left(\dfrac{Q^t}{Q^0} - 1\right) \sum_i \sum_j \Delta S_{ij} Q_{ij}^0\right]$	动态结构效应	出口国调整出口结构满足目标市场进口结构变动影响下的出口额的变动

考虑到并不是所有的研究对象都是多个市场或者多种产品的情况,在实际操作下,CMS 模型可以有以下两种变形:

一是针对单一目标市场的研究,在这种情况下,模型就只需要考虑多种产品的出口结构所产生的影响,此时 CMS 针对单一目标市场的模型如下。

第一层次分解

$$\Delta q = \sum_i S_i^0 \Delta Q_i + \sum_i \Delta S_i Q_i^0 + \sum_i \Delta S_i \Delta Q_i$$

第二层次分解

$$\Delta q = S^0 \Delta Q + (\sum_i S_i^0 \Delta Q_i - S^0 \Delta Q) + \Delta S Q^0 + (\sum_i \Delta S_i Q_i^0 - \Delta S Q^0) + \sum_i \Delta S_i \Delta Q_i$$

二是针对单一产品出口的研究,在这种情况下,模型就只需考虑市场分布带来的影响,此时 CMS 针对单一产品的模型如下。

第一层次分解

$$\Delta q = \sum_j S_j^0 \Delta Q_j + \sum_j \Delta S_j Q_j^0 + \sum_j \Delta S_j \Delta Q_j$$

第二层次分解

$$\Delta q = S^0 \Delta Q + (\sum_j S_j^0 \Delta Q_j - S^0 \Delta Q) + \Delta S Q^0 + (\sum_j \Delta S_j Q_j^0 - \Delta S Q^0) + \sum_j \Delta S_j \Delta Q_j$$

二、相关数据说明

由于景德镇海关披露的数据不具备连续性,且统计口径差异较大,本研究只能着眼于中国陶瓷贸易的国别数据,从而找到影响陶瓷出口贸易波动的共性因素,借此对景德镇陶瓷出口规模的预判和出口国别的选择,提供借鉴与参考。研究所需数据皆来源于联合国商品贸易统计数据库(UN Comtrade),研究对象为 HS 编码的第 69 章陶瓷类产品。

研究数据选取时间为 2012—2022 年。根据我国陶瓷出口规模的变化趋势(见图 6-1),本文将研究时间区间分为三个阶段:第一阶段为 2012—2014 年,在这一阶段我国陶瓷贸易始终保持着正增长态势,且出口增速较为平稳;第二阶段为 2015—2018 年,这一时期由于我国制瓷技术、制造装备与生产制式大面积输出,中东、西亚、东南亚、非洲等地区的陶瓷企业的生产能力大幅度增长,我国陶瓷出口规模显著下降,出口增速放缓;第三阶段为 2019—2022 年,这一时期我国陶瓷产业面临着市场变动、外销渠道受阻等诸多问题,出口增速放缓。

从出口区域分布来看,2022 年我国陶瓷出口规模排名前 30 的国家和地区中(见图 6-2),亚洲占 16 个,欧洲占 7 个,美洲占 4 个,非洲占 2 个,大洋洲 1 个。这 30 个国家和地区从中国进口的陶瓷贸易总额占我国陶瓷贸易出口总额的 80%。因此,对这 30 个国家和地区展开针对性研究有助于探究我国陶瓷出口波动的成因。

由于联合国商品贸易统计数据库的数据以美元现价来衡量,缺乏出口数量等必要信息,我们无法在分析市场份额时区分贸易量和价格的构成。因此,本研究使用贸易量的名义值,并不考虑汇率和价格变动对价格竞争力和出口贸易额的影响。此外,考虑到陶瓷,尤其是建筑陶瓷的运输成本较高,可以达到到岸价(Cost, Insurance and Freight,简称 CIF)总成交金额的 30%~40%,为剔除进出口统计口

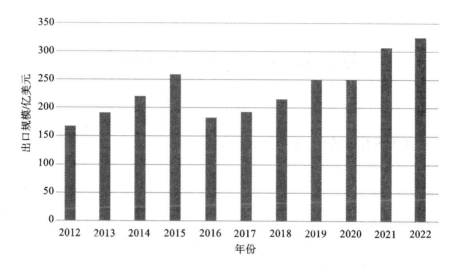

图 6-1 2012—2022 年我国陶瓷出口总额

(数据来源:由联合国商品贸易统计数据库(UN Comtrade)数据整理所得。)

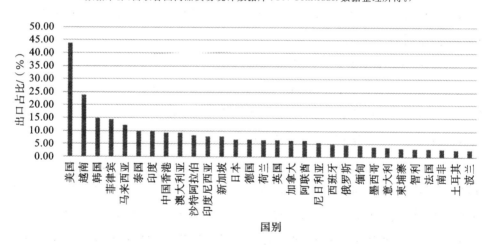

图 6-2 2022 年我国陶瓷出口主要国家和地区分布

(数据来源:联合国商品贸易统计数据库。)

径的不同,本研究所有数据均采用离岸价(Free On Board,简称 FOB)(一般而言,进口统计为 CIF,出口统计为 FOB)。

第二节　CMS 模型分解结果

一、CMS 模型第一层次分解结果

从 CMS 模型第一层次分解结果来看,2012—2022 年结构效应累计绝对值为 91.42 亿美元,年平均贡献率为 57.13%;竞争力效应累计绝对值为 42.56 亿美元,年平均贡献率为 37.79%;交互效应累计绝对值为 15.59 亿美元,年平均贡献率为 5.16%。由此可见,影响陶瓷出口规模的主要因素是结构效应,也就是说目标市场进口需求的增长是导致我国陶瓷出口额增长的主要因素。竞争力效应的作用虽弱于结构效应,但整体对陶瓷出口仍呈现出正相关作用。相比而言,交互效应的影响力最弱。

如表 6-2 所示,从时间变化趋势来看,2012—2014 年,影响陶瓷出口规模波动的主要因素是结构效应,这一时期受欧债危机、人民币汇率升值和技术性贸易壁垒加剧等多重因素影响,陶瓷出口竞争力严重受挫,陶瓷出口压力增大。2015 年,竞争力效应绝对值首次超过结构效应,成为影响我国陶瓷出口的主要因素。2016 年,随着我国制瓷技术、制造装备与生产制式大面积地输出,中东、西亚、东南亚、非洲等地区的陶瓷企业的生产能力大幅度增长,世界市场对我国陶瓷的进口需求显著下降,陶瓷出口首次呈现大幅度下降态势。2017—2019 年,随着陶瓷企业出口策略的调整,陶瓷出口规模缓慢复苏,这一时期,结构效应仍然是拉动陶瓷出口增长的主要因素。2020—2022 年,受疫情影响,我国陶瓷产业面临着复工复产难、外销渠道受阻等诸多问题,陶瓷出口面临巨大挑战。这一时期,竞争力效应的绝对值显著增加,与结构效应的剧烈波动不同,竞争力效应增速显著,未来有望成为拉动我国陶瓷出口的主要动力。

整体而言,出口形势的好坏对陶瓷出口的影响更为明显,在陶瓷出口形势较差的时期更能体现出竞争力效应,交互效应对陶瓷出口贸易波动的影响并不显著。

表 6-2　CMS 模型第一层次分解结果

年份	结构效应		竞争力效应		交互效应	
	绝对值/亿美元	贡献率/(%)	绝对值/亿美元	贡献率/(%)	绝对值/亿美元	贡献率/(%)
2012	8.53	51.08	6.84	40.96	1.31	7.84
2013	16.14	84.67	1.34	7.03	1.59	8.34
2014	15.38	85.00	1.42	7.85	1.29	7.13
2015	15.24	41.67	20.46	55.94	0.86	2.35
2016	−37.25	61.86	−26.87	44.63	3.96	−6.58
2017	7.81	78.06	1.73	17.29	0.47	4.70
2018	15.10	77.21	3.74	19.12	0.71	3.63
2019	14.64	54.76	10.45	39.08	1.63	6.10
2020	0.58	15.79	2.34	63.70	0.80	21.78
2021	35.00	76.55	6.75	14.76	3.95	8.64
2022	0.25	1.83	14.36	105.30	−0.98	−7.19

二、CMS 模型第二层次分解结果

在第一层次分解的基础上，我们将模型进一步分解，考虑到研究对象是单一的陶瓷产品，我们将其中的结构效应进一步分解为需求效应和市场结构效应；将竞争力效应进一步分解为整体竞争力效应和具体竞争力效应，从而构建 CMS 模型第二层次分解。

整体而言，2012—2022 年需求效应累计绝对值为 77.52 亿美元，年平均贡献率为 28.70%，说明世界陶瓷市场需求的上升对我国陶瓷出口具有较强的正向促进作用，随着世界陶瓷市场需求的增加，我国陶瓷出口规模也随之增长。市场结构效应累计绝对值为 13.9 亿美元，年平均贡献率为 17.19%，说明我国陶瓷出口主要集中在陶瓷需求增速较快的地区，这些地区日益增长的陶瓷需求对我国陶瓷出口起到正向作用。整体竞争力效应累计绝对值为 96.68 亿美元，年平均贡献率为 76.92%，说明整体竞争力的提升对我国陶瓷出口额增长的正向促进作用明显。具体竞争力效应累计绝对值为 −54.12 亿美元，年平均贡献率为 −33.49%，说明在进口数量较大的目标市场中,我国陶瓷与其他竞争对手相比,产品的竞争力相对薄弱。交互效应累计绝对值为 15.59 亿美元,年平均贡献率为 6.36%。由此可见,当前影响我国陶瓷出口规模的主要因素是整体竞争力效应,其次是需求效应和市场结构效应,交互效应的影响较弱,具体竞争力效应呈反向阻碍作用。

如表 6-3 所示,从时间变化趋势来看,2012—2014 年,影响陶瓷出口规模波动的主要因素是整体竞争力效应,但其影响力整体呈下降趋势,且下降幅度明显,而需求效应的贡献率呈上升态势,且增速明显,说明其对陶瓷出口规模的影响力显著增加。此时,市场结构效应和具体竞争力效应的贡献率多为负值,说明当前我国陶瓷出口市场结构不合理,与竞争对手相比,我国陶瓷的竞争力仍相对薄弱。在 2015—2018 年,需求效应逐渐取代整体竞争力效应,成为影响我国陶瓷出口的主要因素。具体竞争力效应开始由负转正,标志着这一阶段我国陶瓷与国外一流陶瓷的差距正在减小。在 2019—2020 年,需求效应变动较大,究其原因主要是疫情导致外销运输方式受阻,产品不能及时到达目标市场,导致目标市场的陶瓷需求波动较大。在这一时期,影响我国陶瓷出口变动的主要因素是市场结构效应和整体竞争力效应,针对远洋运输交通等问题,我国陶瓷企业出口主动开拓周边市场,抓住了越南、菲律宾、马来西亚、缅甸等市场陶瓷需求上升的机遇,大大削弱了疫情对陶瓷远洋出口规模的不利影响。

表 6-3 CMS 模型第二层次分解结果

年份	需求效应		市场结构效应		整体竞争力效应		具体竞争力效应		交互效应	
	绝对值/亿美元	贡献率/(%)	绝对值/亿美元	贡献率/(%)	绝对值/亿美元	贡献率/(%)	绝对值/亿美元	贡献率/(%)	绝对值/亿美元	贡献率/(%)
2012	4.2	25.15	4.33	25.93	22.14	132.57	−15.30	−91.62	1.31	7.84
2013	16.63	87.25	−0.49	−2.57	7.62	39.98	−6.28	−32.95	1.59	8.34
2014	16.34	90.33	−0.96	−5.31	10.75	59.43	−9.33	−51.58	1.29	7.13
2015	2.77	7.57	12.47	34.10	36.77	100.55	−16.31	−44.60	0.86	2.35
2016	−38.12	−63.31	0.87	1.44	−45.56	75.67	18.69	31.04	3.96	6.58
2017	14.77	147.55	−6.96	−69.53	−4.41	−44.06	6.14	61.34	0.47	4.70
2018	19.34	98.88	−4.24	−21.68	3.32	16.97	0.42	2.15	0.71	3.63
2019	7.05	26.36	7.59	28.38	27.07	101.23	−16.62	−62.15	1.63	6.10

续表

年份	需求效应		市场结构效应		整体竞争力效应		具体竞争力效应		交互效应	
	绝对值/亿美元	贡献率/(%)	绝对值/亿美元	贡献率/(%)	绝对值/亿美元	贡献率/(%)	绝对值/亿美元	贡献率/(%)	绝对值/亿美元	贡献率/(%)
2020	-5.46	-148.77	6.04	164.58	5.58	152.04	-3.24	-88.28	0.80	21.80
2021	48.32	105.69	-13.32	-29.13	6.44	14.09	0.31	0.68	3.95	8.64
2022	-8.32	-61.00	8.57	62.83	26.96	197.65	-12.60	-92.38	-0.98	-7.18

三、不同区域 CMS 模型分解结果

为了更好地了解我国陶瓷出口的目标市场，本部分将出口的前 30 个地区按地理位置分为亚洲、美洲、欧洲、非洲、大洋洲这五个区域，分别测算中国对亚洲、美洲、欧洲、非洲、大洋洲五个经济主体出口陶瓷规模变动成因的 CMS 模型分解。

（一）我国对大洋洲陶瓷出口的 CMS 模型分解结果分析

总体上，2012—2022 年我国对大洋洲陶瓷出口变动的成因中，结构效应累计绝对值为 3.24 亿美元，年平均贡献率为 12.31%；竞争力效应累计绝对值为 2.65 亿美元，年平均贡献率为 32.66%；交互效应累计绝对值为 0.21 亿美元，年平均贡献率为 1.12%。由此可见，我国陶瓷在大洋洲市场的出口变动幅度较小。其中，结构效应和竞争力效应对我国陶瓷出口的拉动作用大致相当，这意味着我国陶瓷出口与大洋洲陶瓷进口需求整体较为匹配，且具备一定的竞争优势。交互效应的绝对值虽为正值，但比重相对较小。

如表 6-4 所示，从时间变化趋势来看，结构效应只有在 2016 年、2017 年及 2022 年的绝对值为负，其余时间均为正值，这说明大洋洲进口需求的扩大能有效拉动我国陶瓷出口；而在竞争力效应方面，其绝对值在 2014 年、2016 年及 2017 年为负，其余时间均为正值。结构效应与竞争力效应整体互为补充，在竞争力效应较弱的时候，结构效应对我国陶瓷出口的拉动作用明显，在某些年份甚至可以完全抵消竞争力效应产生的抑制作用。整体来看，2012—2014 年，影响我国陶瓷出

口波动的主要因素是结构效应,且贡献率呈正增长态势;2015—2018 年,结构效应和竞争力效应的影响作用大致相当;2019—2022 年,结构效应与竞争力效应呈现此消彼长的态势。

表 6-4　我国对大洋洲陶瓷出口的 CMS 模型第一层次分解结果

年份	结构效应		竞争力效应		交互效应	
	绝对值/亿美元	贡献率/(%)	绝对值/亿美元	贡献率/(%)	绝对值/亿美元	贡献率/(%)
2012	0.17	24.29	0.5	71.43	0.03	4.29
2013	0.31	96.88	0.01	3.13	0.01	3.13
2014	0.37	119.35	−0.05	−16.13	0.01	3.23
2015	0.49	41.18	0.63	52.94	0.07	5.88
2016	−0.25	−50.00	−0.26	−52.00	0.01	2.00
2017	−0.21	−46.67	−0.26	−57.78	0.01	2.22
2018	0.48	50.53	0.42	44.21	0.04	4.21
2019	0.17	30.91	0.37	67.27	0.01	1.82
2020	0.75	58.59	0.48	37.50	0.06	4.69
2021	1.92	92.75	0.12	5.80	0.03	1.45
2022	−0.96	−282.35	0.69	202.94	−0.07	−20.59

(二) 我国对非洲陶瓷出口的 CMS 模型分解结果分析

总体上,2012—2022 年我国对非洲陶瓷出口变动的成因中,结构效应累计绝对值为 2.24 亿美元,年平均贡献率为 51.93%;竞争力效应累计绝对值为 2.15 亿美元,年平均贡献率为 24.27%;交互效应累计绝对值为 0.48 亿美元,年平均贡献率为 3.66%。陶瓷出口整体情况与大洋洲市场较为相似,结构效应和竞争力效应的拉动作用大致相当。

如表 6-5 所示,从时间变化趋势来看,结构效应只有在 2015 年、2016 年及 2022 年的绝对值为负,其余时间均为正值,这说明非洲进口需求的扩大能有效拉动我国陶瓷出口;而在竞争力效应方面,其绝对值在 2014 年、2016 年及 2021 年为负,其余时间均为正值。与结构效应相比,近年来我国陶瓷出口非洲的竞争力效应虽有波动,但整体呈下降趋势。这意味着,在满足非洲市场日益增长的陶瓷需求时,我国陶瓷产品所具备的生产成本、产品质量等优势与其他国家的陶瓷产品相比,其实并不显著。

表 6-5 我国对非洲陶瓷出口的 CMS 模型第一层次分解结果

年份	结构效应		竞争力效应		交互效应	
	绝对值/亿美元	贡献率/(%)	绝对值/亿美元	贡献率/(%)	绝对值/亿美元	贡献率/(%)
2012	0.54	40.0	1.22	90.37	0.13	9.63
2013	1.11	205.6	0.5	92.59	0.13	24.07
2014	0.11	13.3	−0.7	−84.34	0.18	21.69
2015	−0.46	−5.0	0.26	2.83	−0.02	−0.22
2016	−2.38	−38.2	−0.48	−7.70	0.21	3.37
2017	0.34	10.6	0.11	3.43	0.01	0.31
2018	0.8	205.1	0.08	20.51	0.02	5.13
2019	0.91	116.7	0.06	7.69	0.02	2.56
2020	0.43	26.4	0.39	23.93	0.02	1.23
2021	1.44	83.7	−0.17	−9.88	−0.05	−2.91
2022	−0.6	−87.0	0.88	127.54	−0.17	−24.64

(三) 我国对欧洲陶瓷出口的 CMS 模型分解结果分析

总体上,2012—2022 年我国对欧洲陶瓷出口变动的成因中,结构效应累计绝对值为 7.28 亿美元,年平均贡献率为−25.94%;竞争力效应累计绝对值为 4.67 亿美元,年平均贡献率为 57.94%;交互效应累计绝对值为 1.98 亿美元,年平均贡献率为−4.73%。由此可见,我国陶瓷在欧洲市场的出口变动幅度远远大于大洋洲和非洲区域,且出口贸易波动主要归因于结构效应,其次是竞争力效应。竞争力效应绝对值为负值的次数较多,说明我国陶瓷在欧洲陶瓷市场的竞争力相对较弱。

如表 6-6 所示,从时间变化趋势来看,结构效应在 2012 年、2015 年、2016 年及 2020 年的绝对值为负,其余时间均为正值;而竞争力效应方面,其绝对值在 2013 年、2014 年、2016 年、2020 年及 2022 年均为负值,其余时间为正。整体来看,2012—2014 年,影响我国陶瓷出口波动的主要因素是结构效应,且贡献率呈正增长态势;2015—2018 年,结构效应和竞争力效应的影响作用大致相当;2019—2022 年,竞争力效应的波动较为明显。由此可见,我国陶瓷在欧洲陶瓷市场的竞争力并不突出。

表 6-6 我国对欧洲陶瓷出口的 CMS 模型第一层次分解结果

年份	结构效应		竞争力效应		交互效应	
	绝对值/亿美元	贡献率/(%)	绝对值/亿美元	贡献率/(%)	绝对值/亿美元	贡献率/(%)
2012	−1.88	−606.45	2.43	783.87	−0.23	−74.19
2013	0.54	60.67	−1.39	−156.18	−0.05	−5.62
2014	2.36	121.03	−0.41	−21.03	−0.02	−1.03
2015	−0.5	−8.67	6.26	108.49	0.01	0.17
2016	−2.94	−30.18	−7.46	−76.59	0.66	6.78
2017	2.06	55.53	1.47	39.62	0.16	4.31
2018	2.94	77.57	0.68	17.94	0.16	4.22
2019	0.45	7.48	5.27	87.54	0.29	4.82
2020	−1.85	−37.37	−3.23	−65.25	0.17	3.43
2021	5.32	48.50	4.69	42.75	0.93	8.48
2022	0.78	26.53	−3.64	−123.81	−0.1	−3.40

(四)我国对美洲陶瓷出口的 CMS 模型分解结果分析

总体上,2012—2022 年我国对美洲陶瓷出口变动的成因中,结构效应累计绝对值为 17.65 亿美元,年平均贡献率为 668.10%;竞争力效应累计绝对值为 5.29 亿美元,年平均贡献率为 −829.23%;交互效应累计绝对值为 3.22 亿美元,年平均贡献率为 176.86%。由此可见,我国陶瓷在美洲市场的出口变动幅度较大,且出口贸易波动主要归因于结构效应,其次是竞争力效应。

如表 6-7 所示,从时间变化趋势来看,结构效应在 2016 年、2019 年、2020 年及 2022 年的绝对值为负,其余时间均为正值;而竞争力效应方面,其绝对值在 2012 年、2013 年、2016 年和 2022 年均为负值,其余时间均为正。2012—2014 年,影响我国陶瓷出口波动的主要因素是结构效应,且绝对值呈正增长态势;2015—2018 年,结构效应和竞争力效应的影响作用大致相当,这说明我国陶瓷出口与美洲陶瓷进口需求整体较为匹配,且具备一定的竞争优势;2019—2022 年,结构效应的波动较为明显,且整体呈低迷态势,这说明美洲市场的陶瓷需求已出现增长乏力。

表 6-7　我国对美洲陶瓷出口的 CMS 模型第一层次分解结果

年份	结构效应		竞争力效应		交互效应	
	绝对值/亿美元	贡献率/(%)	绝对值/亿美元	贡献率/(%)	绝对值/亿美元	贡献率/(%)
2012	0.77	7700.00	−0.94	−9400.00	0.16	1600.00
2013	1.39	868.75	−1.18	−737.50	−0.04	−25.00
2014	2.58	90.21	0.28	9.79	0	0.00
2015	4.25	29.07	10.63	72.71	−0.26	−1.78
2016	−6.1	−34.92	−12.49	−71.49	1.12	6.41
2017	3.17	69.37	1.28	28.01	0.13	2.84
2018	3.57	53.93	2.73	41.24	0.32	4.83
2019	−0.37	−1233.33	0.25	833.33	0.11	366.67
2020	−1.23	−178.26	0.65	94.20	−0.11	−15.94
2021	14.51	68.06	4.96	23.26	1.87	8.77
2022	−4.89	−83.73	−0.88	−15.07	−0.08	−1.37

(五)我国对亚洲陶瓷出口的 CMS 模型分解结果分析

总体上,2012—2022 年我国对亚洲陶瓷出口变动的成因中,结构效应累计绝对值为 61.01 亿美元,年平均贡献率为 62.89%;竞争力效应累计绝对值为 27.8 亿美元,年平均贡献率为 12.21%;交互效应累计绝对值为 9.72 亿美元,年平均贡献率为 6.86%。由此可见,我国陶瓷在亚洲市场的出口变动幅度最大,与欧洲市场和美洲市场相似,陶瓷出口贸易波动主要归因于结构效应,竞争力效应和交互效应的贡献比重相对较小。

如表 6-8 所示,从时间变化趋势来看,结构效应的绝对值仅在 2016 年为负,其余时间均为正值;而在竞争力效应方面,其绝对值在 2016 年、2017 年、2018 年和 2021 年均为负值,其余时间为正值,这说明我国陶瓷对亚洲出口规模的增长主要归因于亚洲进口需求的扩大,而非产品竞争力的提升。

表 6-8　我国对亚洲陶瓷出口的 CMS 模型第一层次分解结果

年份	结构效应		竞争力效应		交互效应	
	绝对值/亿美元	贡献率/(%)	绝对值/亿美元	贡献率/(%)	绝对值/亿美元	贡献率/(%)
2012	8.93	64.71	3.63	26.30	1.22	8.84
2013	12.79	72.14	3.4	19.18	1.55	8.74
2014	9.96	74.44	2.3	17.19	1.13	8.45
2015	11.46	75.35	2.68	17.62	1.06	6.97
2016	−25.58	−85.75	−6.18	−20.72	1.96	6.57
2017	2.45	143.27	−0.87	−50.88	0.16	9.36
2018	7.31	100.27	−0.17	−2.33	0.17	2.33
2019	13.48	70.17	4.5	23.43	1.2	6.25
2020	2.48	34.44	4.05	56.25	0.66	9.17
2021	11.81	116.58	−2.85	−28.13	1.17	11.55
2022	5.92	26.13	17.31	76.39	−0.56	−2.47

第三节　陶瓷出口波动成因的特征

根据 CMS 模型,陶瓷出口规模的变动可以分解为贸易增长、产品及市场结构、竞争力及三者之间交互作用的影响。因此,出口产品是否集中在需求快速增长的市场,出口产品是否在国外市场形成强有力的竞争优势,以及全球贸易形势是否严峻等因素是影响陶瓷出口规模增长的主要原因。基于 CMS 模型的第一层、第二层,以及区域市场的分解结果来看,2012—2022 年我国陶瓷出口波动成因有以下特征。

一、出口效应影响较强

影响陶瓷出口波动的主要因素是出口结构效应。竞争力效应虽在一定程度上促进我国陶瓷出口额的增加,但与结构效应相比,绝对值仍相对有限。由此可见,进口需求的变动才是引发我国陶瓷出口规模变动的主要因素。

如果将进口结构效应进一步分解为需求效应和市场结构效应,我们可以发现,在2012—2022年,世界陶瓷市场需求的变动是引发我国陶瓷出口波动的主要原因,但市场结构效应在市场需求低迷时往往能发挥重要作用,甚至能够完全抵消需求效应所产生的抑制作用,如2020年和2022年。在竞争力效应的分解中,整体竞争力效应对我国陶瓷出口规模变动有正向促进作用,且作用明显,而具体竞争力效应大多数为负值,对陶瓷出口规模有一定的抑制作用。因此,对陶瓷出口企业而言,特别关注出口份额占比较大国家,以及提升陶瓷产品竞争力就显得尤为重要。此外,整体竞争力效应在市场需求低迷时往往能发挥重要作用,如2012年、2020年和2022年,整体竞争力的贡献率分别为132.57%、152.04%和197.65%。总体而言,我国陶瓷出口的整体竞争力效应有增长的态势。

二、增长乏力情况出现

从时间变化趋势来看,不论是结构效应,还是竞争力效应,最近几年均出现增长乏力的情况。同时,我们可以发现欧债危机、人民币汇率升值、技术性贸易壁垒及疫情等因素的出现,对陶瓷进口需求的影响较大,如2016年、2020年和2022年,影响陶瓷出口规模变动的结构效应绝对值分别为-37.25、0.58和0.25,远远低于其他年份结构效应的绝对值。因此,在竞争力效应不显的情况下,进口需求的减少会增大我国陶瓷出口压力。近年来,景德镇陶瓷出口数据也很好地印证了这一观点,2012年景德镇陶瓷出口额从2011年的1.82亿美元骤减至0.67亿美元,2016年景德镇陶瓷出口额又从2015年的0.40亿美元下降至0.36亿美元。此外,随着我国制瓷技术、制造装备与生产制式大面积输出,中东、西亚、东南亚、非洲等地区陶瓷企业的生产能力大幅度提升,这在一定程度上也对陶瓷进口需求的增长构成影响。

三、不同出口区域变动幅度不同

从出口区域分布来看,我国陶瓷产品在亚洲市场的出口变动幅度最大,其次是美洲市场和欧洲市场,大洋洲和非洲市场的出口变动幅度相对偏小。从变动的原因来看,在亚洲、欧洲和美洲市场,陶瓷出口贸易波动主要归因于结构效应,竞争力效应的贡献率相对较小,而在大洋洲和非洲市场,结构效应和竞争力效应的拉动作用大致相当,这意味着我国陶瓷与大洋洲和非洲市场的陶瓷进口需求基本匹配,且具备一定的竞争优势。从结构效应的绝对值来看,亚洲市场的结构效应绝对值最高,其次是美洲地区,非洲地区最低。由此可见,大洋洲和非洲市场对陶瓷的进口需求相对乏力,增速较慢,而欧洲、美洲和亚洲的陶瓷市场仍具有较高的潜力,尤其是亚洲市场,未来仍是我国陶瓷出口的主要目标市场。

第七章 陶瓷出口贸易决定因素：基于贸易引力模型的应用

虽然 CMS 模型是当前国际贸易分析中常用的工具之一,在国家制定出口贸易政策,抑或是企业制定出口战略时可以提供重要的参考信息。但不可否认的是,CMS 模型本身仍然存在一定的缺陷,不能替代回归分析。

第一节 选取模型框架

一、贸易引力模型

贸易引力模型(Gravity Model of Trade)是经济学实证研究中较成功的模型之一。它来源于物理学中的万有引力定律,即两个物体之间的吸引力与单个物体的重量成正比,而与它们之间的距离成反比。丁伯根(Tinbergen,1962)和波伊赫能(Poyhonen,1963)几乎同时发现,两国之间的贸易量受各自国家经济发展水平和两个国家之间的地理距离影响。因此,他们也被公认为是较早将引力模型应用到国际贸易研究领域的学者。

贸易引力模型一经提出,就因为缺乏理论基础而受到广泛的批评和质疑。至 20 世纪 70 年代后期,经济学家才开始从理论上为贸易引力模型寻找基础。安德森(Anderson,1979)率先在产品差异假设前提下推导出了引力方程。博格斯特朗(Bergstrand,1985、1989)则在世界贸易的一般均衡框架下推导出了引力模型的微观基础,并将迪克西特和斯蒂格利茨(Dixit 和 Stiglitz,1977)提出的垄断竞争模型纳入引力模型分析中。赫尔普曼和克鲁格曼(Helpman 和 Krugman ,1985)在具有规模经济的差异产品框架下修正了引力模型。伊文奈特和凯勒(Evenett 和 Keller,1998)认为,标准引力模型可以从李嘉图模型、赫克歇尔-俄林模型(简称 H-O 模型)、规模报酬推导出来。安德森和温库普(Anderson 和 Wincoop,2001)在不变替代弹性支出系统的基础上推导出了操作性较强的引力模型,这些理论不仅为贸易引力模型提供了理论支持,还有助于解释各项实证应用结果中出现的各种问题和差异,使贸易引力模型逐渐脱离了长期以来受到"缺乏理论基础"质疑的窘况。

在贸易引力模型中,贸易流量由出口国 i 和进口国 j 的经济规模(GDP)及地理距离所解释,其基本形式可以表述为

$$T_{ij} = \frac{A(GDP_i \times GDP_j)}{D_{ij}}$$

其中,T_{ij} 代表出口国 i 对进口国 j 的贸易流量;GDP_i 和 GDP_j 分别代表出口国 i 和进口国 j 的 GDP;D_{ij} 代表两个国家之间的距离;A 代表常数。通过对引力模型进行对数变化,我们可以得到其线性形式:

$$\ln T_{ij} = \beta_0 + \beta_1 \ln(Y_i Y_j) + \beta_2 \ln D_{ij} + \varepsilon$$

其中 β_0 为常数项,β_1 和 β_2 为 T_{ij} 对 $Y_i Y_j$ 和 D_{ij} 的弹性,Y_i 和 Y_j 分别表示 i 国和 j 国的 GDP,D_{ij} 表示两国之间的距离,通常采用两国之间地理距离,且由两国之间的经济中心、首都之间的地理距离来表示。

二、贸易引力模型的拓展

从现实出发,单纯地从进出口贸易两国的经济总量、地理距离等指标来分析两国贸易总量影响因素是不完全合理的,还有很多其他因素也影响着两国贸易总量,如是否是贸易协定国,是否存在共同的边界等。基于古典经济学的"生产—流通—消费"相关理论,我们可以将影响陶瓷出口的因素归因于供给因素、需求因素及跨国流通因素三个方面。

(一)供给因素

首先是产业规模(CAP)。良好的生产环境有利于形成产业规模,是陶瓷出口

的现实基础。陶瓷产业规模越大,则陶瓷出口贸易量可能就越大。随着海运的畅通和世界经济的发展,世界各国对陶瓷的需求可能会面临报复性反弹。因此,陶瓷产能对陶瓷出口状况具有一定的影响力。

其次为产品质量(QUA)。产品质量主要体现在陶瓷产品的创新、品牌及出口认证获取等方面。随着人们健康意识的提升,越来越多的消费者十分关注陶瓷生产质量,因此,产品质量的提升有利于陶瓷出口潜力的提升。施炳展(2013)认为产品质量与其市场占有率具有相关性,在产品价格相同的条件下,产品市场占有率越高,产品质量越好。总之,可以通过产品的销量、市场占有率、价格等综合信息来判断出口产品质量。

最后是进口国知识产权保护强度(IP)。知识产权保护的强弱是影响一国双边贸易成本的重要因素。余长林(2011)指出知识产权保护会对行业贸易产生市场势力效应、市场扩张效应、市场稀释效应及贸易条件效应。当进口国加强知识产权保护水平时,会抑制产品的被模仿率,降低自主创新国的出口贸易成本,从而增加对该国的出口。

(二) 需求因素

首先,国外需求是贸易达成的关键,直接影响着贸易的出口规模。对陶瓷而言,进口国的 GDP 是进口国进口陶瓷的经济基础。一般来说,进口国 GDP 越高,陶瓷消费量越高,且对于优质陶瓷的消费偏好越明显。而人口规模的大小在一定程度上代表了市场规模的大小,也是影响陶瓷进口量的原因之一。

其次,人口规模(POP)也可以作为市场规模、潜在消费能力及经济多样性程度的代理变量。一般而言,进口国人口规模越大,该国对陶瓷需求就越大。

最后,对外直接投资(FDI)对双边贸易存在促进或替代效应。当前,陶瓷产业在国内已经遍地开花,各产区都面临较大的环保压力和产能过剩压力,多数产区已经开始明确提出缩减产能或不再兴建陶瓷项目,加之国内消费市场已然饱和,生产成本持续猛增,陶瓷企业发展空间捉襟见肘,陶瓷企业"走出去"的呼声越来越高。陶瓷企业的"走出去",可能会因为 FDI 替代进口而导致陶瓷出口规模的缩小。如联合国《1996 年世界投资报告》指出,对于制造业的特定产品来说,企业国际化的渐进过程就是企业从贸易到对外直接投资(FDI)的过程,FDI 与贸易的确存在着相互替代的线性联系。但是FDI实现的生产扩大,会加深对东道国的市场渗透,从而创造新的贸易机会,促进和增加贸易机会;同时,也会进一步拓展新的第三国市场,从而为贸易导向的生产带来总贸易量的净增。

(三)跨国流通因素

一是贸易双方合作关系的影响。在当今贸易格局下,国际贸易的规模很大程度上取决于贸易双方合作关系,如贸易协定的实施。贸易协定在一定程度上可以减少贸易产品的关税壁垒、非关税壁垒等贸易不确定因素,从而大大提高贸易发生的可能性。

二是进口国的贸易开放度(OPEN)也会影响陶瓷出口。进口国的贸易开放度越高,越有利于陶瓷出口;反之出口则会减少。同时,也有研究指出,进口国的制度环境会影响跨国贸易的机会主义风险。贸易开放度主要反映在关税贸易壁垒和非关税贸易壁垒两个层面上。在肯尼亚蒙巴萨举行的部长级会议上,六个东非共同体伙伴国达成共识,声明称将从2022年7月1日起对陶瓷制品统一征收最高35%的进口关税。关税壁垒不仅会增加出口企业的贸易成本,还会影响出口商品在国际市场上的价格优势。此外,欧美等主要目标市场的陶瓷技术标准均与我国的陶瓷技术标准存在一些差异。因此,符合我国陶瓷技术标准要求的产品,未必能符合目标市场的技术标准要求。已有研究表明,技术贸易壁垒(Technical Barriers to Trade,简称TBT)通报对陶瓷出口存在一定负面效应。所以,本研究用进出口贸易量总额占GDP的百分比来表示该指标。

三是,技术基础设施(TEC)。随着互联网普及程度的提升,消费者可以方便地通过互联网了解陶瓷信息,从而增加对国外陶瓷的消费需求。Chan-Olmsted等(2008)提出东道国的技术基础设施可以通过固定电话和移动电话的普及率及互联网普及率两个变量作为代理变量。其中,固定电话和移动电话普及率表示一个国家每百万人固定电话和移动电话拥有量所占比重;互联网普及率表示一个国家每百万人中互联网使用者所占比重。考虑到陶瓷跨境电商的兴起,我们着重分析互联网普及率对陶瓷贸易量的影响。

四是,地理距离(DIST)。通常两个经济体之间的距离越远,运输的成本也就越高,进而会增加贸易成本,造成更大的贸易阻力。在陶瓷贸易中,尤其是建筑卫生陶瓷,其运输成本占产品总成本比重偏高。因此,地理距离可以作为测量国家间贸易成本的重要测度指标。

五是,文化距离(CD)。文化距离反映贸易双方之间享有相同或相似的标准和价值观的程度。文化距离近,两国之间的文化认可度高,相应的文化折扣情况就会低;反之,文化距离远,不仅会带来较高的贸易成本,同时还会增加文化折扣,从而降低两国的贸易可能性。陶瓷产品本身具有一定文化特性,因此具有类似信仰和文化价值的消费者更能够接受出口国陶瓷产品所传递的文化信息。

六是,共同边界(BOR)。一般而言,当贸易双方拥有共同边界时,贸易成本将会下降,贸易量也会随之增加。本研究中,如果贸易国与中国存在共同边界,则该变量为1,否则为0。

因此,本研究初步将贸易引力模型的扩展形式设定为

$$\ln(T_{ijt}) = \beta_0 + \beta_1 \ln(Y_{it}) + \beta_2 \ln(Y_{jt}) + \beta_3 \ln(CAP_{it}) + \beta_4 QUA_{ij} + \beta_5 \ln(IP_{jt}) \\ + \beta_6 \ln(POP_{jt}) + \beta_7 \ln(FDI_{jt}) + \beta_8 \ln(OPEN_{jt}) + \beta_9 \ln(TEC_{jt}) \\ + \beta_{10} \ln(DIST_{ij}) + \beta_{11} CD_{ij} + \beta_{12} BOR_{ij} + \varepsilon_{ijt}$$

其中,各变量含义及预期结果如表7-1所示。

表7-1 各变量含义及预期结果

解释变量	含义	预期符号	单位
Y_{it}	出口国GDP	+	万亿美元
Y_{jt}	进口国GDP	+	万亿美元
CAP_{it}	出口国陶瓷工业产值规模	+	亿元
QUA_{ij}	相对出口产品质量	+	—
IP_{jt}	进口国知识产权保护强度	+	—
POP_{jt}	进口国人口规模	+	亿人
FDI_{jt}	进口国吸引外资流量	—	亿美元
$OPEN_{jt}$	进口国贸易开放度	+	%
TEC_{jt}	进口国互联网普及率	+	%
$DIST_{ij}$	贸易双方的地理距离	—	千米
CD_{ij}	贸易双方的文化距离	—	—
BOR_{ij}	是否与中国接壤	+	虚拟变量

注:"+"表示正相关;"—"表示负相关。

三、数据来源与描述性统计

本研究的被解释变量是我国陶瓷出口贸易额,旨在考察陶瓷出口贸易的决定因素。考虑到分析的一致性,本研究数据来源仍然是上一章节分析中涉及的 2012—2022 年我国与 30 个贸易伙伴国或地区的陶瓷贸易量,以及通过各个解释变量的面板数据对我国陶瓷出口贸易决定因素展开实证分析。最终样本容量为 330 个观测值,个别年份缺失的数据主要通过对该指标的前后数据加权平均获得。

其中,陶瓷出口贸易流量、进口国进口总量等数据来源于联合国商品贸易统计数据库(UN Comtrade);陶瓷产业总产值来源于国家统计局;样本中各个国家或地区的国内生产总值、人口规模和吸引外资流量均来自国研网中的世界银行数据库;地理距离、共同边界等变量数据来源于法国国际展望与信息研究中心(CEPⅡ数据库);文化指标的资料来源于霍夫斯泰德(Hofstede)的官方网站;互联网普及率来源于国际货币基金组织(IMF)数据库;知识产权保护水平来源于世界经济论坛(WEF)公布的《全球竞争力报告》中知识产权保护的指标;出口产品质量参考刘信恒(2020)的测算结果。主要变量的描述性统计如表 7-2 所示。

表 7-2 主要变量的描述性统计

变量	观测值	平均值	标准差	最小值	最大值
T_{ijt}	330	6.16	5.87	0.93	48.77
Y_{it}	330	12.89	2.98	8.53	18
Y_{jt}	330	1084.77	2092.66	85.98	15533.83
CAP_{it}	330	4176	1943.5	2554	6977
QUA_{ij}	330	0.47	0.03	0.39	0.50
IP_{ij}	330	4.04	0.64	1.86	4.88
POP_{jt}	330	1406.07	5597.95	3.92	41641.76
FDI_{it}	330	252.13	364.55	14	3670
$OPEN_{jt}$	330	72.76	14.89	19.55	92.72
TEC_{jt}	330	46.92	26.94	1.54	94
$DIST_{ij}$	330	8278.93	4204.66	955.65	19297.47

续表

变量	观测值	平均值	标准差	最小值	最大值
CD_{ij}	330	1.67	1.40	0.09	0.53
BOR_{ij}	330	0.08	0.28	0	1

第二节 静态面板数据模型实证分析

一、估计方法

在实证分析中,特别需要注意的是计量方法的选择、统计量的选择及数据处理方法的选择,它们都会对回归结果产生显著影响。

本研究采用静态面板数据模型。面板数据模型是对个体不同时刻的多个截面做连续观察所得到的多维时间序列数据,通常含有很多的数据点,会提高自由度,并降低解释变量间存在的共线性问题,从而大大增强估计的有效性。而且,截面变量和时间变量的结合能够有效地提高短期时间序列动态模型估计的准确性。

静态面板数据的估计方法主要有混合数据模型、固定效应模型和随机效应模型。其中,混合数据模型一般认为个体之间在时间和截面两个维度上都没有差异,所有个体拥有相同的回归方程,即不存在个体效应。固定效应模型认为,对于不同截面或时间序列,如果每个个体都具有不同的截距项,但斜率是相同的,那么这种模型就被称为固定效应模型。固定效应模型可分为三类:个体固定效应模型、时间固定效应模型和双向固定效应模型。个体固定效应模型的含义是截距项随着个体的改变而改变,此时个体特征和解释变量相关,只要进行组内估计就能得到一致估计量,这是面板数据的一大优势;时间固定效应模型的含义是截距项随着时间的改变而改变,不随着个体的改变而改变;双向固定模型则是结合以上两个模型的特点,即截距项随着时间和截面的不同而不同时,则需要选择双向固定模型。随机效应模型,需要和固定效应模型区分开的即截距项是否和自变量相关,如果相关就选择固定效应模型,不相关则选取随机效应模型。所以,在这三类模型选择上一般的处理方法如下:首先区分是混合数据模型还是固定效应模型,用 F 检验得出是否存在个体固定效应;其次用 Hausman 检验模型中是否存在随机效应;最后确定所要使用的计量模型。

本研究使用 Stata 16.0 软件基于面板数据对构建的拓展引力模型进行参数估计。其一,混合估计和固定效应的回归结果表明,固定效应模型显著优于混合估计模型,并且衡量共线性程度的方差膨胀因子 VIF 均小于 10,表明变量之间不存在严重的多重共线性问题。同时,采用自然对数的方式也极大地压缩了方差较大的变量,很大程度上控制了异方差问题。其二,利用 LM 统计量对混合估计和随机效应进行检验,结果不同于混合估计的原假设。其三,Hausman 检验值也不具有显著性,表明采用随机效应要优于固定效应。因此,本研究采用随机效应及可行广义最小二乘法进行估计。

除 Hausman 检验结果支持随机效应的假设外,本研究选择随机效应模型还考虑到以下几个方面:一是,本研究不是为了估计有限样本中国家之间的差异,而是为了推测我国陶瓷产品在国际市场上出口贸易影响因素的总体特征,因此假设国家间的影响是随机的合乎逻辑。二是,随机效应模型在总体层面的推断是无条件的,而固定效应模型主要关注样本中的特定个体。三是,本研究的数据对于固定效应模型不适用。固定效应模型不能检验不随时间变化的变量,如地理距离、文化距离、共同边界等。固定效应模型还会导致自由度的较大损失,除非截面单元比较小(Gujarati,2003)。因此,Hausman 检验结果更为准确。

二、实证检验及结果

模型 1 只采用标准的引力模型进行回归分析。模型 2 至模型 5 是逐步加入文化距离、产品质量、知识产权保护强度、贸易开放度、吸引外资流量及互联网普及率后的回归结果。可以看出,模型中主要变量具有较强的稳健性,并且拟合程度也相对较高。各变量回归系数如表 7-3 所示。

表 7-3 陶瓷出口决定因素的随机效应结果

变量	模型 1	模型 2	模型 3	模型 4	模型 5
$\ln(Y_{it})$	0.335***	0.319***	0.297***	0.334***	0.331***
	(0.021)	(0.019)	(0.017)	(0.021)	(0.021)
$\ln(Y_{jt})$	1.823***	1.797***	1.798***	1.594***	1.534***
	(0.123)	(0.120)	(0.121)	(0.117)	(0.121)
$\ln(POP_{jt})$	0.408***	0.487***	0.452***	0.443***	0.454**
	(0.879)	(0.959)	(0.963)	(0.875)	(0.884)
$\ln(DIST_{ij})$	−1.232**	−0.776	−0.775	−0.436	−0.485
	(0.516)	(0.535)	(0.537)	(0.482)	(0.488)
$\ln(CAP_{it})$	0.574**	0.607***	0.599***	0.651***	0.836***
	(0.082)	(0.073)	(0.075)	(0.068)	(0.064)
CD_{ij}	—	−0.127**	−0.113**	−0.114*	−0.160*
		(0.143)	(0.144)	(0.130)	(0.133)
QUA_{ij}	—	—	0.022	0.026	0.024
			(0.018)	(0.018)	(0.018)
$\ln(IP_{jt})$	—	—	0.402	0.373	0.369
			(0.026)	(0.026)	(0.025)
$\ln(FDI_{jt})$	—	—	—	0.048***	0.046***
				(0.035)	(0.030)
$\ln(OPEN_{jt})$	—	—	—	0.023***	0.024***
				(0.018)	(0.018)
$\ln(TEC_{jt})$	—	—	—	—	0.072***
					(0.002)
BOR_{ij}	−1.534***	−0.761	−0.762	−0.023	−0.033
	(−0.746)	(−0.782)	(−0.784)	(−0.721)	(−0.729)
Cons	−75.514***	−72.705***	75.624**	77.348**	77.653**
	(−12.85)	(−10.43)	(9.85)	(6.17)	(6.21)
year	NO	YES	YES	YES	YES

续表

变量	模型1	模型2	模型3	模型4	模型5
R^2	0.7931	0.8347	0.8369	0.8843	0.8915
观测值	330	330	330	330	330

注：***、**和*分别表示在1%、5%和10%水平下显著，括号内为标准误，被解释变量是我国陶瓷出口贸易总额。

对实证检验结果进行分析可以发现以下五点内容。

一是，中国经济规模对陶瓷出口的弹性为0.297~0.335，说明中国经济的增长在一定程度上偏向于包括陶瓷在内的传统产业发展，GDP上升与陶瓷的出口增长也体现出这种偏向性。相比较，国外经济增长对陶瓷出口的弹性更大，弹性区间为[1.534,1.823]。显然，GDP是正向影响陶瓷出口贸易的主要因素之一。

二是，地理距离具有显著负向影响，弹性区间为[-1.232,-0.436]，说明中国与贸易伙伴之间的地理距离每增加1%，陶瓷出口贸易将下跌0.436%~1.232%。相比较，文化距离对陶瓷出口的负向影响程度要低于地理距离的影响程度，弹性区间仅为[-0.160,-0.113]。由此可见，运输成本仍是制约我国陶瓷出口竞争力的主要因素，而文化距离对陶瓷出口的影响相对较小。

三是，虽然产品出口质量和进口国知识产权保护强度对陶瓷出口贸易具有正向效应，但并没有通过显著性检验，这意味着产品出口质量及进口国的知识产权保护强度对陶瓷出口的促进作用并不明显，可能是因为我国陶瓷生产技术和创新能力正在显著提升，进口国知识产权保护强度对陶瓷出口的影响较为有限。

四是，陶瓷产业生产规模、进口国人口规模及贸易开放度均对陶瓷出口具有正向影响，其弹性区间分别为[0.574,-0.836]、[0.408,-0.487]和[0.023,-0.024]。相比而言，进口国贸易开放度的影响相对有限。

五是，理论上边境接壤对产品出口有一定的促进作用，但实证结果显示，边境接壤对陶瓷出口具有一定的抑制作用，可能是因为陶瓷出口主要采用海运方式，运载量大且运费相对低廉，而与中国边境接壤的国家大多是内陆国家，陶瓷出口需采用铁路等陆路运输方式，运输成本相对较高。

第八章 结论、展望与建议

第一节 主要结论

景德镇陶瓷是中华优秀传统文化的杰出代表,是世界认识中国、中国走向世界的重要文化符号。几千年来,无数匠人用炉火纯青的技艺烧造出绝世佳品,奠定了景德镇"瓷业高峰在此都"的地位。被称为"白色金子"的景德镇陶瓷沿着海上丝绸之路漂洋过海、走向世界,绘就了"匠从八方来,器成天下走"的繁荣景象。进入新时代,景德镇再次迎来千载难逢的历史机遇。2019年8月,景德镇国家陶瓷文化传承创新试验区上升为国家战略,拉开了千年瓷都迈向国际瓷都的历史大幕,也让景德镇陶瓷以前所未有的自信姿态走向未来。尽管关注景德镇陶瓷文化、陶瓷生产的学者很多,但从贸易视角对景德镇陶瓷产业展开全面和系统分析的文献并不多。作为拉动经济增长"三驾马车"之一的出口贸易,对陶瓷产业的发展、产业竞争力的培育、产业结构的升级而言都具有不可替代的战略意义。研究景德镇陶瓷的出口贸易,不仅具有一定的现实意义,还具有深厚的历史文化意义。如何充分有效地发挥出口贸易的乘数效应,复兴千年古镇,探究重现千年瓷都辉煌的"符码",则是本研究的重点。

为此,本研究重点探究了以下几个问题:第一,在中国众多窑口中,为什么曾经风靡一时的越窑青瓷、龙泉青瓷、长沙窑瓷等窑址都淹没在历史的尘埃中,而偏居江南一隅的景德镇却脱颖而出,在明清时期的世界陶瓷贸易网络中占据绝对主导地位?景德镇陶瓷的竞争优势根源是什么?第二,景德镇陶瓷出口变动趋势如何?为什么辉煌千年的"瓷都"景德镇,最后"已处于苦境"?第三,影响陶瓷出口变动的成因是什么?景德镇如何才能通过出口重现千年历史的辉煌?通过研究,我们得出以下结论。

一、景德镇陶瓷具有技术优势

景德镇之所以能够在众多窑址中"脱颖而出",主要归因于其日渐形成的技术优势。早在唐朝,景德镇还是一个偏居江南的小窑场,在其他南方窑场纷纷生产青瓷的时候,景德镇勇于改变惯例,另辟蹊径生产白瓷,成为南方较早烧造白瓷的窑场,并因白瓷的较高成就奠定了自己的地位。宋元时期,景德镇又积极借鉴和吸收了定窑的覆烧技术、德化窑的佛像雕塑工艺及吉州窑的釉下彩绘工艺,并将这些工艺和技术与景德镇传统的薄胎青白釉技艺融合在一起,最终创造了举世闻名的元青花瓷。明代,景德镇继续吸收磁州窑的釉上红绿彩工艺,并产生了具有景德镇特色的釉上矾红彩、青花斗彩、五彩等多种新的装饰方式。与此同时,景德镇不仅没有故步自封、夜郎自大,还积极学习海外不同国家或地区的艺术风格和产品的长处。例如,借鉴伊斯兰陶器造型和装饰风格,创烧出双耳扁瓶、双耳折方瓶等异型器形及带有伊斯兰装饰纹样的瓷器。清代,景德镇在借鉴欧洲玻璃制品造型的基础上,烧制出广口花瓶、带柄茶杯等造型的瓷器。西方立体素描技艺及西洋透视法等绘画技艺也陆续被景德镇吸收、应用,成为景德镇陶瓷业的重要装饰技艺,从而烧造出大批满足欧洲消费者偏好的克拉克瓷、纹章瓷等。由此可见,景德镇瓷器外销的全盛时期,正是景德镇制瓷业达到巅峰的时代,不仅在工艺水平和器物造型上是空前绝后的,而且广采博收外来文化的精华,不拘一格,大胆创新,最终促使景德镇在制瓷方面获得竞争优势。此外,景德镇陶瓷竞争优势的形成也离不开政府强有力的支持。历经元代、明代、清代中期,景德镇陶瓷产业一直位居主导产业之列,得到政府支持。特别是景德镇官窑,始终得到政府的强力扶持。

二、景德镇陶瓷出口规模较小

纵观景德镇制瓷业的发展史,与产业生命周期理论如出一辙。如同每个产业所经历的从初创阶段到成长阶段再到成熟阶段最后进入衰退阶段这四个演变过程,景德镇制瓷产业也经历着"只供同俗粗用"到"昌南镇瓷名天下",再到"至精至美之瓷莫不出于景德镇",最后"已处于苦境"等不同阶段。当前,景德镇陶瓷出口规模与佛山、潮州、德化等陶瓷出口强市(县)相比明显较小,测算出的2022年景德镇陶瓷出口的 MS、RCA 竞争力指数分别为 0.1% 和 7.2,远远低于佛山的 4.68% 和 14。从供给侧看,景德镇陶瓷企业生产规模普遍偏小、规模化生产效应不足,产品核心竞争优势不明显。从需求侧看,景德镇陶瓷与国内外知名陶瓷品牌相比,仍存在不小的差距。

三、出口结构效应对景德镇陶瓷出口波动影响较大

出口产品是否集中在需求快速增长的市场,是否在国外市场形成强有力的竞争优势,以及全球陶瓷贸易形势等都是影响陶瓷出口规模变动的主要因素。当前,影响陶瓷出口波动的主要因素是出口结构效应,竞争力效应虽在一定程度上促进我国陶瓷出口额的增加,但与结构效应相比,绝对值仍相对有限。不论是结构效应,还是竞争力效应,最近几年均出现增长乏力的情况。从出口区域来看,我国陶瓷在亚洲市场的出口变动幅度最大,其次是美洲市场和欧洲市场,大洋洲和非洲市场的出口变动幅度较小;从变动原因来看,在亚洲、欧洲和美洲市场,陶瓷出口贸易波动主要归因于结构效应,而在大洋洲和非洲市场,结构效应和竞争力效应的拉动作用大致相当;从结构效应的绝对值来看,亚洲市场的结构效应绝对值最高,其次是美洲地区,非洲地区最低。由此可见,大洋洲和非洲市场对陶瓷的进口需求相对乏力,增速较慢,而欧洲、美洲和亚洲的陶瓷市场仍具有较高的市场潜力,尤其是亚洲市场,未来仍是我国陶瓷出口的主要目标市场。为此,景德镇陶瓷需重点开发亚洲、美洲、欧洲市场,明确重点市场,挖掘潜在市场,着重引导消费者对景德镇陶瓷形成较为固定的消费偏好。从影响因素来看,经济规模、产业规模、地理距离、文化距离、产品出口质量、知识产权保护强度、贸易开放度等因素均会影响我国陶瓷出口规模,但相比而言,经济规模、产业规模的影响较大。

第二节 未来展望

一、我国陶瓷产业未来发展趋势

中国是世界陶瓷制造中心和陶瓷生产大国,年产量和出口量居世界前列。2020年数据显示:我国日用陶瓷产量占全球产量的70%左右,陈设艺术陶瓷产量占全球产量的65%左右,卫生和建筑陶瓷产量分别约占全球产量的50%和64%。近年来,随着广东陶瓷制造业的转移、扩张和重新布局,我国除西藏,其他的省份几乎都建有陶瓷生产线。全国规模以上陶瓷制品制造行业企业数量2000余家,陶瓷制品制造行业整体从业人数约60万。陶瓷行业发展逐渐呈区域化、分工化、同类型产品生产聚集化等特点。随着国内市场陶瓷产能与消费能力之间的差距逐步加大,陶瓷企业开始意识到产品"走出去"的必要性和紧迫性,许多企业也开始进行诸多的尝试和探索。当前,摆在大部分有意"走出去"的陶瓷企业面前的不是"要不要"的问题,也不是"要去哪"的问题,而是"要怎样做"的问题。在全球陶瓷市场风云变化中,陶瓷企业呈现出两极分化的格局。在市场的优胜劣汰下,一些陶瓷大企业在行业"洗牌"中彰显出"大将风范",陶瓷产业的集中度显著提升。

受国家节能环保政策、数字经济政策等因素的影响,陶瓷行业的发展模式也在发生转变,从过去以"数量增长和外延方式"为主的发展模式转向"调整优化存量、做优做强增量"并存的内涵式发展模式。在内涵式发展模式中,品牌、质量、服务、技术和设计创新等核心发展要素的重要性日益凸显。因此,企业必须以多元的姿态来展现产品的高辨识度,助力其自身在激烈的陶瓷市场竞争中立足。

二、景德镇陶瓷产品"走出去"的路径选择

(一) 从"代理出口"到"自主出口"

当前,景德镇陶瓷企业出口基本上都是通过以下两种模式进行:第一种是通过国内出口代理商代理出口。对景德镇陶瓷企业,尤其是中小陶瓷企业而言,这种模式是现阶段采用较多的一种出口方式。这种出口方式主要由上海、深圳等地的国内出口代理商主导,由其开拓国际市场并拿到海外订单后,再向景德镇陶瓷厂商进行采购。尽管这种模式对陶瓷生产企业来讲,操作较便捷,交易成本较低,但往往订单总值较低,订单连续性较差。更重要的是,海外客户资源掌握在出口代理商的手中。对于陶瓷生产企业来讲,这样只能获得有限的利润,而无法积累长期发展的客户资源。第二种是自建海外拓展业务部门。这种"自主出口"并寻找联系海外客户的方式,能够在一定程度上解决"代理出口"模式中海外客户资源不能积累的问题。企业不仅可以获得海外客户的订单,还能够通过不断的深入合作,提升客户的订单量和订单值,从而获取长期的业务收入。但这种模式往往存在交易成本较高,开拓新兴市场较为缓慢,以及国际市场开拓规模有限等问题,毕竟企业的力量有限,单靠企业自身进行海外业务拓展的成效仍相对微弱。

"自主出口"需要陶瓷企业了解陶瓷消费者的消费习惯和适应度,以及国际陶瓷市场的竞争程度。参加海外举办的专业类展会,是了解国际陶瓷消费市场和市场供给较为直接且有效的一种方式。展会不同于传统贸易的象征性交货,其本质是一种实物成交方式,即通过现场展示的方式,直接、面对面地向海外客户进行推销,这种现场沟通方式更为顺畅,自然订单达成率也较高。加上前来参加展会的客户比较集中,即使现场并未达成交易合作,但仍能让客户对企业的形象和产品有充分的了解,为后续可能的交易合作奠定基础。

尽管景德镇陶瓷企业已经认识到展览展销的重要性,但能否参加国外的专业展会对中国的陶瓷企业来说仍然困难重重。对于大部分海外客户来说,一提到中国陶瓷,仍然与廉价、模仿等词汇联系在一起,这使得国外的专业展会经常会对参展的中国陶瓷企业设置进入壁垒,甚至拒绝中国企业参展。以陶瓷行业众所周知

的意大利博洛尼亚陶瓷展为例,在过去的十几年中,只有一家中国企业连续参展,最多时也不过8家中国企业获得过参展机会。2020年博洛尼亚展受疫情影响而停办,2021年重启后,参展的中国陶瓷品牌只有6家,到2022年,中国参展陶瓷品牌仅剩4家。

所以,对于景德镇陶瓷企业来讲,尽管已经摸索到了通过展会平台是较有效的拓展海外客户的方式,但面对海外展会的"铜墙铁壁",大多也只能望洋兴叹。自然地,打造一个属于景德镇的国际化展会平台便成为一条较佳的道路。正是在这样的趋势之下,景德镇于2004年10月开始举办首届中国景德镇国际陶瓷博览会(简称瓷博会)。首届瓷博会就吸引了来自英国、美国、日本、意大利等23个国家和地区的2000余名国外政要、知名企业家、陶艺家和参展商、采购商前来参展、洽谈;此外,还吸引了来自唐山、淄博、醴陵、龙泉等国内九大产瓷区和九大名窑的著名陶艺家、参展商,以及北京、上海、广州、南京等地的星级宾馆采购团等社会各界人士共2万余人云集景德镇。进入首届瓷博会展览中心的国内外参观、采购人员达5.6万余人次。现货及期货成交额逾2亿元人民币;招商引资签订对外引资项目8个,累计投资总额8350万美元;签订内联项目合同2个,累计投资总额1.6亿元人民币;签订外贸出口合同5个,总额2600万美元。同时,景德镇市还分别与美国门县市、英国剑桥郡斯托克市签订了建立友好城市关系、经济合作、人才交流和资源共享的合作意向书;并与英国等8个国家签署了促进陶瓷发展的《景德镇宣言》。截至2022年,中国景德镇国际陶瓷博览会已成功举办19届,共吸引了来自世界49个国家和地区共计2427家参展企业、3000多家采购公司共20000多位中外嘉宾与会,旅游、观光人员达到91万人次,已逐步发展成为景德镇陶瓷盛会、国际交易平台,促进了景德镇陶瓷在商贸、文化、技艺等方面的交流与合作。

为大力发展陶瓷会展经济,聚焦陶瓷贸易。景德镇重点打造集创意、设计、定制、展示、鉴定、交易、物流、产品发布于一体的景德镇国际陶瓷博览交易中心(陶博城)。陶博城规划总面积1378亩,总投资近百亿元,包含陶瓷博览中心、交易中心、文旅商业配套、陶瓷工业互联网平台、跨境电商平台、仓储物流基地等业态。基于陶博城实体市场量身打造陶博城综合性数字贸易官网,该官网集产品溯源、数字贸易、支付结算、智慧物流、供应链金融于一体,并打通中国(景德镇)跨境电子商务线上公共服务平台、景德镇市场采购贸易联网信息平台及中国陶瓷工业互联网平台接口,通过嫁接国内成熟的商品交易 B2B 网站,导入海量的采购商资源,利用 360°VR 技术提升用户体验,全面助力陶博城实现买全球、卖全球。

同时,"自主出口"也需要积极开拓海外市场,了解海外客户的消费偏好,挖掘不同地域客户的真实需求。

美国市场:美国是一个经济发达国家,在美国市场上,按照对日用瓷的需求档次可以把消费者分为三个层次。一是收入高的富裕家庭,他们的购物场所是专卖高档货物的大百货公司,他们选购的商品是高档商品;二是中产家庭,他们的购物场所是一般百货商店,他们选购的商品是中档商品;三是占美国人口15%左右的收入较低的家庭,他们选购的陶瓷主要是小商店或地摊上出售的来自发展中国家价格较低廉的低档大路货。在美国市场上,高、中、低档货物差价很大。美国人首先关心的是商品的质量,其次是包装,最后才是价格,并且美国商店普遍认真执行保修、保退和保换的服务方针,因此产品质量的优劣是能否进入美国市场的关键。美国主要行销马克杯、4人用16头及12头日用餐具,以及各种散件包装产品。白瓷、炻瓷、裂纹釉、骨瓷等产品都在美国有较好的销售市场。产品尺寸、容量偏大,画面多样化,总的来说具有比较粗犷大胆、色彩鲜明等特征。

欧盟市场:欧洲国家经历过 17 世纪对陶瓷的狂热,对高档陶瓷的消费有一定的传统。欧洲陶瓷企业经过上百年的发展,树立了一些具有较高国际知名度的陶瓷品牌,比如英国品牌韦奇伍德(Wedgwood)、皇家道尔顿(Royal Doulton),德国的罗森塔尔(Rosenthal)、梅森(Meissen),丹麦的皇家哥本哈根(Royal Copenhagen),匈牙利的赫伦(Herend)。多数品牌都在中国找到了适合贴牌生产的供应商,既弥补了欧洲劳动力的不足,又扩大了品牌的市场覆盖率。宜家是欧洲较大的日用陶瓷买家,它对企业验厂和产品质量的要求也十分严格。

英国市场:英国是一个陶瓷文化底蕴深厚的国家,英国生产的瓷器享誉全球,其生产骨质瓷餐具的历史比中国更加悠久。英国本土生产商韦奇伍德(Wedgwood)起源于1759年,有260多年历史,被誉为英国陶瓷艺术的象征。韦奇伍德生产的陶瓷大多富有艺术价值,以高贵的品质和精巧的设计著称,其品牌估值是全世界较贵品牌之一。丹碧(Denby)起源于1809年,有超过200年历史,主要生产炻瓷。同时,英国也是世界设计领域具有权威性的国家,在英国政府大力倡导下,设计理念在该国的工业、商业、文化产业等各个领域都获得广泛应用。

英国的设计者力图将审美性、艺术性、功能性、商品性等多种性能进行有机融合，传递出好的工业设计实际上是在倡导一种生活方式和生活态度的理念。体现在陶瓷领域，精益求精的设计过程、多元化的设计取材、富有美感和质感的产品感受，使得英国现代陶瓷制品在世界高端陶瓷市场占据了重要的位置。英国人日常生活与陶瓷联系紧密。英国人很喜欢喝茶，英国红茶闻名遐迩，茶壶、糖盅、奶缸、装糖、咖啡、茶的密封罐，喝茶及咖啡用杯及杯碟等都是英国客商采购的主流产品。英国市场上的日用陶瓷4人用配套(大餐碟、汤碟、汤碗、杯子各4只)或分开包装(12头单品和4只杯子)居多。在消费趋势上，英国人越来越个性化，陶瓷由大配套往小配套及散件等方向发展。在设计上，玫瑰花设计在英国历久不衰，十分受消费者青睐。

中东市场：中东地区地理位置优越，承担着陶瓷转销往海湾地区、东欧和非洲等地区的职责，因此中东的市场容量是巨大的。但是近几年，在中东地区，特别是迪拜，中国陶瓷产品出口却愈加艰难，这主要是因为价格竞争与垄断。中东地区的消费存在两个极端：一种是贵族式消费，关注的是陶瓷的品质，价格次要；另一种是廉价式消费，更多地关注价格，而忽视品质。中国长期针对当地低端市场输出的陶瓷产品，价格低廉但质量有所欠缺，时间久了，当地消费者就将中国出口的陶瓷产品定性为低端廉价产品。价廉质低的产品形象严重阻碍中国往中东市场输出陶瓷。所以，真正想要在中东市场取得长足的发展，我国陶瓷企业必须树立中国陶瓷的品牌，逐渐提升自身产品的档次、质量与价位。

(二) 从"产品走出去"到"品牌走出去"

企业如何在产品极其丰富、产品差异性不明显的买方市场下取胜，其中关键因素在于消费者对企业品牌的忠诚程度。所以，中国陶瓷企业要通过品牌战略有效地与竞争对手产生区别，不断保持企业的竞争优势。当前，中国正处在由"世界工厂"向"世界品牌"转型的关键时期，实际上就是从"产品走出去"向"品牌走出去"转变的重要阶段，是否能够成功转型决定着中国企业融入全球化发展大趋势的能力，更决定着中国经济在世界经济转型大背景下能否立于不败之地。

景德镇"千年窑火旺"，铸就了深厚的陶瓷文化底蕴和千年"瓷都"的历史地位，"景德镇制"这一区域品牌也得以享誉海内外。基于此，景德镇陶瓷企业始终恪守传统商业思维,秉承"酒香不怕巷子深"的经营理念,认为只要产品质量好,不怕吸引不到顾客。这样的传统商业思维严重束缚着景德镇陶瓷企业品牌的发展。在与丹麦的皇家哥本哈根(Royal Copenhagen)、匈牙利的赫伦(Herend)陶瓷、英国的韦奇伍德(Wedgewood)陶瓷、德国的梅森(Meissen)陶瓷、法国的柏图(Bernardaud)陶瓷、西班牙的雅致陶瓷(Lladro)、日本的鸣海(Narumi)陶瓷等世界知名陶瓷品牌的博弈中,景德镇很难争得一席之地,品牌认知度较低,即使景德镇瓷器的品质和艺术特色丝毫不逊于这些知名陶瓷。

品牌是物质文明、精神文明的综合载体,是企业对消费者的承诺,也是消费者对企业的信赖与认可,需通过提高质量与完善服务长期积累,这并非一朝一夕即可形成的。然而,当前景德镇陶瓷企业更多是将品牌建设归于媒体宣传上,在如何提高产品质量、提高服务能力、增加投资和规范内部管理方面十分缺乏,从而造成景德镇陶瓷企业的品牌生命周期普遍偏短,"流星式"品牌层出不穷。此外,景德镇大部分陶瓷企业在品牌管理上均出现职责模糊、功能不完善等问题,这将直接导致企业品牌规划和品牌监控过程混乱,严重影响企业的品牌建设进程。由此可见,除了高性价比和卓越的产品质量,如何做好陶瓷企业品牌的建设和战略营销,也是景德镇陶瓷"走出去"所需要深思和讨论的问题。

"十四五"规划指出,要深入实施质量提升行动,推动制造业产品"增品种、提品质、创品牌";要完善境外生产服务网络和流通体系,加快金融、咨询、会计、法律等生产性服务业国际化发展,推动中国产品、服务、技术、品牌、标准"走出去"。从"产品走出去"到"品牌走出去",需要企业、社会和政府全方位合作。从企业层面来看,要想打造品牌,战略引领是核心、品质取胜是关键、创新驱动是保障。其实,中国并不缺乏具有国际影响力的民族品牌,比如海尔、联想、华为等。通过分析,不难发现这些公司具有相同的特点,即专注于产品的开发与创新,对研发、知识产权极其重视。由此可见,创新和研发能力是企业品牌建设的基础。目前,国内已经有越来越多的陶瓷企业开始注重并加大产品在原创设计和自主研发方面的投入,并且已经有一批陶瓷企业在自主产品创新、研发等方面甚至达到国际领先水平。相比国内其他产瓷区,景德镇具有得天独厚的陶瓷艺术氛围,每年都吸引着海内外众多陶瓷发烧友前来打卡创作,其中不乏知名学者和艺术家。浓郁的陶瓷创作氛围,有利于激发陶瓷产品的创新和研发,众多高校、陶瓷研究所,景德镇国家陶瓷版权交易中心,以及陶溪川的春秋大集、雕塑瓷厂的乐天市集等都为景德镇陶瓷的创新和研发提供平台与保障。当前,景德镇承担着陶瓷文化传承与创新的重任,如何推动陶瓷由"中国制造"向"中国创造"转型,离不开产品创新和技术发展。

从社会层面来看,景德镇应积极借助新闻媒体、自媒体等渠道助推陶瓷企业品牌的"走出去"。2016年中央电视台广告经营工作转型升级,隆重推出了"国家品牌计划"入选单位,旨在推动中国产品向中国品牌转变,助力品牌兴邦。中国主流媒体在王牌节目的黄金档期播出中国品牌的广告,可以从两方面推动中国品牌走向世界:一是国内民众对国产品牌的广泛熟知有利于提升其对国内品牌的消费水平,以国内消费带动国外发展;二是在移动互联时代,央视等主流媒体上的信息很快会传播到世界各地,在国际上产生一定影响力。由此可见,媒体宣传是助推品牌"走出去"的有效途径。陶瓷企业要了解当地情况,深入洞察市场受众,选准发声平台,优化海外传播渠道。

从政府层面来看,政府应从景德镇陶瓷企业品牌建设的外围提供支持,以政府交往为契机推动陶瓷企业品牌"走出去",讲好景德镇陶瓷故事,帮助企业更好地打造企业品牌,使其更好地走向世界。与企业层面和社会层面相比,在政府层面的国际交往和外事活动中,使用景德镇陶瓷或重点宣传景德镇陶瓷品牌,对于景德镇陶瓷品牌"走出去"发挥着重要作用。例如,中国外交部自2016年3月举办第一场中国省区市全球推介活动至今,已先后有十多个中西部省份亮相外交部推介活动。外交部通过举办全球推介活动,邀请驻华大使和各国媒体更深入全面地了解中国中西部省区市的基本情况,促进中国品牌在国际舞台上的推广与传播,增强其国际影响力。

(三)从"卖产品"到"卖服务"

当前,国内外陶瓷产能均呈现出过剩的态势,众多陶瓷企业纷纷加入市场份额的争夺大战中,陶瓷市场竞争呈现出白热化的状态。一方面,在现代市场环境下,陶瓷新产品的生命周期越来越短,消费者价值观的转变与互联网世界的拓展,迫使陶瓷企业与实际用户的距离越来越短,空前地扩大了客户的选择权。为了扩张市场、增加销售额,陶瓷企业必须寻找新的途径以应对市场变化。通过接触客户、了解客户来预测其需求并判断该需求是否能成为陶瓷企业适应新形势下的路径选择。另一方面,陶瓷行业的模仿比比皆是,从产品花色、产品展示到品牌形象等各方面都存在模仿现象。在这种情形下,企业的核心竞争力不再局限于产品本身,而是要重视客户的真实需求,以客户为中心,以求在激烈的市场竞争中持续发展。

要实现从"卖产品"到"卖服务"的转变,必须实现以下三个观念的转变:一是经营目标的转变。陶瓷企业为了更长远地发展,关注点必须先由原来"是否有利润"转变为"客户的真实需求是什么",从追求"利润最大化"转变为追求"获得更多的客户,保留客户,使客户得到成长"。在陶瓷市场逐渐由卖方市场向买方市场转变的过程中,客户资源将是最宝贵的市场资源,客户需求与利润最大化并不冲突,往往在实现客户满意后,更容易实现利润最大化,这有利于促进企业与客户共同成长,实现共赢。二是产品设计理念的转变,陶瓷产品的设计如若仍然以便于企业生产管理为前提的话就会被市场淘汰。当前客户的需求已经不再满足于高质量的产品、更好的性价比,而是希望得到个性化的服务,如定制的设计服务、个性化的售后服务等。提升客户满意度,可以获得更多的客户,有利于提升企业竞争力。三是客户关系的转变。若要实现"生产导向"向"需求导向"的转变,企业就必须考虑建立什么样的关系才能更好地促进企业与客户的共同发展。传统的买卖关系已不再适用当前的需求导向型陶瓷市场。企业要增加与客户群体的接触,将产品创新建立在了解并满足客户需求的基础之上,时刻紧跟时代潮流,通过不断地改革以适应客户需求。

在消费升级引领下,如何为陶瓷消费者提供新的购物体验已经成为一个新的课题,其中,个性化定制发挥的作用和优势也越来越突出。所谓个性化定制,是指根据用户的需求进行个性化的制造,从而为用户提供满足个人体验的产品和服务。个性化定制是陶瓷产业未来的发展趋势之一,是传统陶瓷生产模式在人工智能和大数据下的延伸。在人工智能高速发展的时代,传统陶瓷企业可以在生产阶段接收、分析和实现客户的消费需求,了解客户的实际需要,为客户提供满意的、有独特体验的陶瓷产品和服务。相比标准化和规模化的生产模式,个性化定制更倾向于满足用户个体的独特需求。随着陶瓷市场由大众化向小众化延伸、顾客需求由大众化向个性化追求转变,各类陶瓷企业也开始把焦点从成本竞争、质量竞争转向提供个性化产品和服务上。一方面,个性化定制可以提高客户的满意度。这样不仅能争取更多的受众群体,还能深度挖掘客户需求,达成规模化、标准化难以实现的品牌情感效应,从而培养出消费者对该品牌的心理归属和消费依赖,提升产品的营销效果、品牌形象和线上销售转化率。另一方面,伴随着人工智能的创新推动,个性化定制的门槛和成本也会降低。随之而来的除了产品升级、服务提升,产品设计也会因个人需求不同而有所差异,这样可以缓解甚至解决当前陶瓷产品同质化严重的问题。因此,景德镇陶瓷企业想要突围制胜,扩大现有市场份额、占领品牌形象制高点,就必须主动升级产业结构,把战略意识放到驱动市场上,用个性化定制品牌营销战略吸引潜在消费者。陶瓷企业应该把目光放远,思考如何结合自身实际情况,为消费者提供与众不同、完美契合消费者自身的产品和服务,以个性化定制所蕴含的工匠精神引领潮流。

推行个性化定制模式,是紧扣我国社会主要矛盾变化、实现高质量发展要求的具体举措,也是落实制造强国战略和"三品"战略(增品种、提品质、创品牌)的有效途径,有利于促进陶瓷产业质量提升、效率提升、动力提升。但是,当前陶瓷个性化定制领域仍存在一些问题:一是个性化定制技术门槛较高,包含定制平台、多位一体数字化车间、基础数据库开发、三维测量技术研发、测量数字采集与测量标准制定、智能仓储系统、数字化扫描等专用设备,柔性化生产等新技术、新功能的现代工厂,企业需投入较大资金。二是难以满足顾客海量的、碎片化的、实时的、多场景需求。部分陶瓷企业由于生产和服务水平不高,其供给能力难以满足个性化市场需求。同时,个性化陶瓷定制消费存在需求难以实现,以及重做、返修、退货等不确定性和风险,且企业与客户之间的交互成本较高,企业定制能力与市场需求不匹配矛盾突出。三是陶瓷供需产业链协同效率低。由于技术、管理等方面的限制,以及标准规范和平台自治的缺失,陶瓷企业内外部资源缺乏有效整合,存在各自为战、盲目跟风、重复建设等问题,协同运作和共享程度不高。个性化定制需要以顾客需求为中心,围绕满足顾客需求这条价值链,重新配置、调整企业所有的生产要素,让工厂、供应商、经销商等价值链上的所有生产要素都围绕着顾客需求这个中心运转。

为此,景德镇陶瓷产业要加强产业链供给侧和需求侧两端衔接,促进供给升级和需求升级协调共进,着力提高有效供给能力和水平,引导企业加强产品创意设计和研发创新,更好地满足人民群众消费升级的需要。同时,要加快研制个性化定制领域的国际标准、国家标准、团体标准,以及系统性、集成性标准,促进标准研制、检测、认证和应用联动。瞄准产业链技术设备短板,搭建从基础材料到关键零部件到系统集成再到专用设备的协同研发平台,支持产品试用、中试和可靠性验证,促进研发成果产业化,深化合作,提高全产业链创新成果的贡献率。

(四)从"传统贸易"到"数字贸易"

21世纪以来,在贸易高速增长和消费需求日趋多样化的国际经贸背景下,随着人工智能、大数据、云计算等新兴数字技术的应用与创新,贸易作为经济活动中配置资源的关键环节正在经历数字化的深刻变革。作为新型贸易模式,数字贸易极大地减少了贸易成本和时间,不仅使新的贸易产品不断涌现,而且正在改变几乎所有行业的贸易方式和贸易规模,成为国际贸易发展的新动力。从组成部分来看,数字贸易主要产生于两大途径,即贸易数字化与数字化贸易[1]。就陶瓷行业而言,主要是贸易数字化转型,即传统贸易转型为电子商务、电子商务转型为数字贸易及传统贸易转型为数字贸易。

在数字贸易时代,数字技术提升了陶瓷企业收集、处理和分析散落在供应链各环节的离散数据的能力;人工智能技术能够帮助陶瓷企业有效开拓大数据的应用途径;云计算技术能够帮助陶瓷企业有效处理大数据,并对供应链环节进行动态优化。同时,数字贸易可以使企业更加重视海外陶瓷产品客户的实际需求。总的来看,运用大数据、人工智能及云计算等数字技术能够充分收集并处理数据,将研发、智能制造、智能定价、智能客服等环节囊括到贸易过程中,在生产、流通、消费环节之间搭建起了一条高效的交流渠道,使得价值链的每个环节都能积极地反映消费者偏好。数字贸易平台本身具有内生化治理能力,不仅能够开拓企业销售渠道,还可以利用数字技术实现需求的精准匹配,助力全球卖、全球买,为传统贸易企业的数字化转型提供解决方案。

发展数字贸易对推动我国贸易高质量发展具有重大意义。从贸易规模看,在传统贸易动力逐步减弱的情况下,数字贸易将为我国贸易规模持续稳步增长提供

---

[1] 马述忠,沈雨婷.数字贸易与全球经贸规则重构[J].国际经济评论,2023(4).

重要动力;从贸易结构看,发展数字贸易有利于中西部地区、中小微企业及更多差异化产品获得贸易方面的发展机遇,推动我国贸易的区域结构、市场主体结构和产品结构优化升级;从贸易竞争看,在世界主要国家抢占数字贸易发展先机的背景下,发展数字贸易是我国构建新的贸易比较优势和竞争优势,由贸易大国向贸易强国迈进的重要抓手①。

  在国家政策的引导下,当前我国主要产瓷区都将大力发展数字陶瓷、数字贸易作为推动当地陶瓷产业高质量发展的重要举措,景德镇也不例外。当前,景德镇正积极整合区位、平台、政策等资源要素,以"数"赋能,推动传统陶瓷产业转型升级。2020年起,景德镇市相继与抖音、京东、快手、淘宝、天猫等平台开展战略合作,取得陶瓷产品直播带货平台经营权;2021年10月,国家版权局批复授予景德镇市"全国版权示范城市"称号;2022年1月,景德镇新闻传媒集团获批成为全国"区块链+版权"特色领域试点单位;同年2月,中国(景德镇)跨境电子商务综合试验区获国务院正式批复。为加快打造陶瓷"产业大脑",景德镇市建成陶瓷产业大数据中心,为产业科学决策提供支撑;建设产业供应链平台,探索区块链技术在陶瓷溯源、陶瓷防伪等领域的应用;建设工业互联网平台,探索以"5G+工业互联网"赋能陶瓷产业振兴。2022年,景德镇市成功通过工业互联网标识解析二级节点能力评估,成为国内首个标识解析二级节点(陶瓷行业)建设许可的城市;同年,景德镇陶博城正式获批全国第六批市场采购贸易方式试点,成为江西省唯一一个国家级市场采购贸易方式试点。同时,景德镇也在积极筹建跨境电商监管中心、申建保税物流中心(B型),实现"9610""9710""9810""1210"全业务运行、全模式覆盖、全链条打通。

  数字贸易的核心,不是简单地把传统贸易模式全部搬到电脑上,也不仅仅是将过去各个部门、各个层级、各个系统之间的孤岛信息拉通链接,以提高企业的管理决策能力,而是通过数字化,打通工厂与消费者之间的联系,尤其是在信息层面,去掉层层中间环节,使企业设计、开发、生产的新产品更贴近市场、贴近消费需求。反过来,消费者消费喜好的变化、消费偏好等,也可以推动上游工厂改进其研发与设计,生产出更适销对路的产品。此外,从参与主体来看,数字贸易将化解中

---

① 刘洪愧.关注数字贸易重要价值与作用[N].经济日报,2022-7-12.

小微企业和内陆城市在传统贸易中的竞争劣势和区位劣势。根据易贝(eBay)的数据统计,在传统贸易中,中小企业的出口参与率仅为2%至28%,然而97%以上的互联网中小企业都存在出口行为。互联网中介平台为中小企业提供完善的营销与网络基础设施,同时将为中小企业提供一体化的人员培训、客户服务和数据分析等配套服务,极大地降低了中小企业自建网络平台的技术性壁垒及成本。随着物理性基础设施、地理因素、通关效率、制度因素等传统比较优势来源的重要性相对降低,内陆或偏远地区的经济体及基础设施和海关程序欠发达的经济体将通过建立信息和通信技术产业获得进一步融入全球经济体系的机遇[1]。

由此可见,传统制约景德镇陶瓷出口的区位劣势及企业规模较小等问题,都可以通过数字贸易这一新型贸易方式予以解决。而要大力发展陶瓷数字贸易,则必须使政策体系、产业数字化转型、数字技术等高级生产要素集聚及相关基础设施建设等方面齐头并进、整体布局。一是利用中国(景德镇)跨境电子商务综合试验区建设,大力推进陶瓷产品数字贸易发展相关政策制度的创新、经济发展方式的创新,扩大跨境电商产业布局范围和规模,推进产业发展与数字贸易的深度融合,利用数字化平台整合实体商业资源,培育无人零售、体验消费等新业态新模式;二是大力实施数字技术革新战略,加速实现陶瓷产业数字化;三是规划建设一批数字经济产学研人才培养基地,积极培育陶瓷数字化人才;四是推动智慧城市的建设,实现城市基础设施的数字化,提升城市的物流配送能力,提高景德镇陶瓷企业管理效率,提升陶瓷产业链、供应链协同管理的能力。

三、政策建议

(一)顺应数字经济,完善信息基础设施

数字经济的到来为景德镇陶瓷产品的出口提供了新的机遇。Statista全球统计数据库数据显示,2021年全球互联网用户规模达49.01亿,全球互联网渗透率达62.5%。截至2022年7月,全球互联网渗透率较高的5个地区为北欧、西欧、北美、南欧、东欧,其中,北欧渗透率达到98%。从全球区域分布来看,欧美互联网

---

[1] 盛斌,高疆.超越传统贸易:数字贸易的内涵、特征与影响[J].国外社会科学,2020(4).

渗透率较高,非洲互联网渗透率提升空间较大。相比而言,中国互联网渗透率仍有较大的增长空间。根据中国互联网网络信息中心(CNNIC)数据,截至2022年6月,中国网民数达10.51亿,较2021年底新增网民1919万,互联网渗透率达74.4%。其中,移动互联网用户规模达10.47亿,移动互联网渗透率达74.0%,基本接近互联网渗透率水平。互联网已经不仅仅作为信息传递的工具和技术进步的重要成果,还是我国居民日常生活的重要组成部分,更是推动社会变革的重要力量。互联网的普及和信息基础设施建设的完善不仅为一些城市的出口贸易提供了"弯道超车"的机会,也为陶瓷出口竞争力的提升提供了历史机遇。总体来看,推动数字经济核心产业同陶瓷产业融合发展,是解决景德镇陶瓷产业所遇难题的有效途径。

(二)平衡出口贸易结构,转变贸易增长方式

对陶瓷行业而言,粗放型的贸易增长模式极易遭受外部冲击,因此,平衡出口贸易结构、转变贸易增长方式是景德镇陶瓷"走出去"的必然要求。平衡出口贸易结构要注意两方面内容。

一要平衡出口产品结构,推动景德镇陶瓷产业深度转型,支持龙头企业做大做强,以工艺创新为引擎,对接国际知名品牌,提供个性化陶瓷定制服务,带动全产业链协同提档升级。

二要注重国际市场的开发。国际市场的延伸对当前及未来景德镇陶瓷的出口发展均具有重要的战略意义。景德镇要以加入全球创意城市网络、创建景德镇国家陶瓷文化传承创新试验区为契机,通过瓷博会、文化艺术展、国际教育等多措并举,大力宣传景德镇陶瓷,及时追踪海外陶瓷市场的进口需求,掌握世界陶瓷消费趋势和消费偏好,努力提升景德镇陶瓷在国际市场上供给、需求方面的匹配程度,着重引导消费者对景德镇陶瓷形成较为固定的消费偏好。此外,在国际市场的开发中,要明确重点市场、挖掘潜力市场,重点开发经济规模大、经济发展水平较高的高收入国家或地区。

(三)凝聚合力,防范外部风险

陶瓷产业一直以来都是贸易摩擦的重灾区。在推动景德镇陶瓷"走出去"的

同时，一定要积极防范外部风险。一方面，要以景德镇陶瓷知识产权保护中心为载体，打造涉外商事法律服务团队，为涉外企业提供一站式、全链条、专业化的法律服务，为其开拓海外市场保驾护航。另一方面，要积极构建外贸综合服务平台。通过引入专业化程度高、运营经验成熟的外贸综合服务企业，搭建外贸综合服务平台，为陶瓷企业提供更全面、更便捷、更安全的服务，实现涉外订单的闭环有效管理，加强风险提示，避免不必要的贸易风险。

同时，政府的政策扶持也很重要，无论是陶瓷企业的转型发展，还是推动陶瓷出口都离不开政府的政策扶持。政府的主导作用是景德镇陶瓷产业高质量发展的有效驱动力，但相比国内外其他产瓷区，景德镇对于陶瓷产业的扶持力度，尤其是营商环境、出口便利性等方面仍有待提高。因此，在合理规划的基础上，景德镇政府应在营商环境、基础交通建设等方面加大建设力度，进一步优化陶瓷企业经营环境。同时，政府还应加快建设陶瓷人才教育培训中心、技术创新服务中心、信息服务中心等机构，使企业能够对行业前沿及国际市场状况有更清楚的了解，便于企业及时针对市场变化做出精准决策。

参 考 文 献

[1] 顾炎武.天下郡国利病书[M].上海:上海古籍出版社,2012.
[2] 张廷玉.明史[M].北京:中华书局,1974.
[3] 李东阳.大明会典[M].扬州:广陵书社,2007.
[4] 魏瀛,鲁琪光,钟音鸿.中国地方志集成江西府县志辑[M].南京:江苏古籍出版社,1996.
[5] 轻工业部陶瓷工业科学研究所.中国的瓷器[M].北京:轻工业出版社,1983.
[6] 朱琰.陶说译注[M].北京:轻工业出版社,1984.
[7] 周銮书.景德镇史话[M].上海:上海人民出版社,1989.
[8] 周世荣.海外珍瓷与海底瓷都[M].长沙:湖南美术出版社,1996.
[9] 龙思泰.早期澳门史[M].北京:东方出版社,1997.
[10] 蓝浦.景德镇陶录图说[M].济南:山东画报出版社,2004.
[11] 陈炎.海上丝绸之路与中外文化交流[M].北京:北京大学出版社,1996.
[12] 大卫·李嘉图.政治经济学及赋税原理[M].北京:华夏出版社,2005.
[13] 保罗·R.克鲁格曼,茅瑞斯·奥伯斯法尔德.国际经济学:理论与政策[M].6版.北京:中国人民大学出版社,2006.
[14] 熊寥,熊微.中国陶瓷古籍集成[M].上海:上海文化出版社,2006.
[15] 碗礁一号水下考古队.东海平潭碗礁一号出水瓷器[M].北京:科学出版社,2006.
[16] 方李莉.中国陶瓷史[M].济南:齐鲁书社,2013.
[17] 许之衡.饮流斋说瓷[M].济南:山东画报出版社,2010.
[18] 中国国家博物馆水下考古研究中心,海南省文物保护管理办公室.西沙水下考古:1998~1999[M].北京:科学出版社,2006.
[19] 吴伟峰,谢日万,范国君.海上丝绸之路遗珍——越南出水瓷器[M].北京:

科学出版社,2009.

[20] 中国古陶瓷学会.外销瓷器与颜色釉瓷器研究[M].北京:故宫出版社,2012.

[21] 厦门大学海洋考古学研究中心.海洋遗产与考古[M].北京:科学出版社,2012.

[22] 赵嘉斌.水下考古学研究:第一卷[M].北京:科学出版社,2012.

[23] 上海中国航海博物馆,中国海外交通史研究会,泉州海外交通史博物馆.人海相依:中国人的海洋世界[M].上海:上海古籍出版社,2014.

[24] 刘善庆.景德镇陶瓷特色产业集群的历史变迁与演化分析[M].北京:社会科学文献出版社,2016.

[25] 刘淼,胡舒杨.沉船、瓷器与海上丝绸之路[M].北京:社会科学文献出版社,2016.

[26] 迈克尔·波特.国家竞争优势(下)[M].李明轩,邱如美,译.北京:中信出版社,2012.

[27] 叶喆民.中国陶瓷史[M].3版.北京:生活·读书·新知三联书店,2022.

[28] 蔡子谔.中国瓷器对世界的影响及其广义读解[N].中国艺术报,2012-01-16.

[29] 彭晓云.19世纪上半叶中国陶瓷对外贸易发展及相关问题研究[J].故宫博物院院刊,2023(2).

[30] 周游,肖枫.人民币汇率对中国陶瓷出口的影响——基于"一带一路"沿线国家的面板数据[J].中国商论,2023(2).

[31] 刘未.香港宋皇台遗址出土宋元贸易陶瓷研究[J].文物,2022(11).

[32] 彭晓洁,雷坤,张建翔.中国对澳大利业卫生陶瓷出口贸易增长因素研究[J].价格月刊,2022(8).

[33] 方振龙.玻璃陶瓷内孔旋转超声磨削出口崩边面积研究[J].航空制造技术,2022(12).

[34] 王太一.肯尼亚斯瓦希里文化初探——以进口陶瓷贸易与建筑为视角[J].故宫博物院院刊,2022(2).

[35] 彭善国,王安琪.东北亚地区贸易陶瓷的初兴——以渤海国遗址出土瓷器

为中心[J].故宫博物院院刊,2021(11).

[36] 张新克.模仿与创新——18世纪景德镇出口瓷器对英国皇家伍斯特陶瓷发展的影响[J].中国陶瓷,2021(9).

[37] 韩静.我国陶瓷产品出口遭遇国际贸易救济措施的原因及应对策略[J].江苏商论,2021(7).

[38] 韩静,曾国盛.数字经济对我国陶瓷产品出口的影响及发展策略[J].中国陶瓷工业,2021(4).

[39] 刘未.北宋海外贸易陶瓷之考察[J].故宫博物院院刊,2021(3).

[40] 邓志超.综试区背景下跨境电商助力佛山陶瓷出口的策略[J].对外经贸实务,2020(10).

[41] 苏敏俊.福建德化陶瓷出口欧盟的新机遇与新挑战[J].对外经贸实务,2020(8).

[42] 欧阳跞宸.景德镇陶瓷产品出口竞争力及影响因素分析[D].景德镇:景德镇陶瓷大学,2022.

[43] 黄铭枫.文化差异因素对景德镇陶瓷出口影响研究[D].景德镇:景德镇陶瓷大学,2022.

[44] 贺洪玲."一带一路"沿线国家陶瓷贸易竞争关系网络结构及其影响因素研究[D].成都:西南财经大学,2022.

[45] 张然,翟毅.古代中国与伊朗南部地区陶瓷贸易管窥——以安德鲁·乔治·威廉姆森的调查为中心[J].故宫博物院院刊,2019(7).

[46] 项坤鹏.管窥9—10世纪我国陶瓷贸易的域外中转港现象——以东南亚地区为焦点[J].东南文化,2018(6).

[47] 王世群.中国对印度陶瓷出口现状及完善途径[J].对外经贸实务,2018(9).

[48] 韩静.全球化语境下景德镇传统手工制瓷技艺的传承与创新[J].中国陶瓷工业,2018(3).

[49] 朱念,贺嘉,秦安莉,等.基于灰色线性回归组合模型的我国家用陶瓷出口预测研究[J].数学的实践与认识,2018(10).

[50] 韩静.我国陶瓷文化艺术品出口"一带一路"沿线国家的问题与策略[J].对外经贸实务,2018(5).

[51] 韩静.我国陶瓷文化艺术品贸易特征及竞争力分析[J].中国陶瓷工业,2018(2).

[52] 熊仲卿.贸易陶瓷器在香料群岛的社会文化意义[J].广西民族大学学报(哲学社会科学版),2018(2).

[53] 贠婉婷.我国陶瓷产品出口竞争力及影响因素研究[D].南昌:江西财经大学,2018.

[54] 王世群.我国陶瓷出口贸易态势及优化策略[J].对外经贸实务,2017(11).

[55] 郭建芳.中国陶瓷出口现状、国际竞争力水平与产业转型思考[J].价格月刊,2017(9).

[56] 徐敏燕,左和平,章立东.文化与技术距离对我国陶瓷产品出口竞争力的影响[J].江西社会科学,2017(5).

[57] 刘未.中国东南沿海及东南亚地区沉船所见宋元贸易陶瓷[J].考古与文物,2016(6).

[58] 者贵昌,韩丽星.中国陶瓷出口贸易波动因素分析——基于CMS模型的分析视角[J].国际经贸探索,2016(9).

[59] 张纯,韩静.陶瓷艺术品价值构成和定价指标体系构建[J].中国陶瓷工业,2016(4).

[60] 谢长青.我国陶瓷产品出口面临的主要障碍及优化路径[J].对外经贸实务,2016(1).

[61] 雷小宝,谢峰,廖文和,等.牙科氧化锆陶瓷铣削出口边缘碎裂实验研究[J].人工晶体学报,2015(6).

[62] 韩丽星.中国陶瓷出口贸易波动因素分析——基于CMS模型[D].昆明:云南师范大学,2015.

[63] 秦大树,徐华烽,默罕默德·玛初拉.肯尼亚蒙巴萨塔纳号沉船出水的中国瓷器[J].故宫博物院院刊,2014(2).

[64] 张纯,韩静,尹俞潼.模糊综合评价法在陶瓷艺术品定价中的应用研究[J].陶瓷学报,2014(6).

[65] 丁雨.晚唐至宋初明州城市的发展与对外陶瓷贸易刍议[J].故宫博物院院刊,2014(6).

[66] 刘娟,张乐柱.出口竞争力、产业升级与地区经济增长——以广东陶瓷业为例[J].贵州财经大学学报,2014(5).

[67] 王小茉.景德镇国营瓷厂与景德镇瓷业复兴[J].装饰,2014(8).

[68] 李鑫.唐宋时期明州港对外陶瓷贸易发展及贸易模式新观察——爪哇海域沉船资料的新启示[J].故宫博物院院刊,2014(2).

[69] 王琳.我国陶瓷产品发展的现状、原因及出口策略——基于意大利伊莫拉公司"蜜蜂"瓷砖的经验[J].对外经贸实务,2013(12).

[70] 林梅村.大航海时代东西方文明的交流与冲突——15~16世纪景德镇青花瓷外销调查之一[J].文物,2010(3).

[71] 姜鸿,江涛涛,张艺影.陶瓷制品贸易隐含的二氧化碳排放量国别比较[J].商业研究,2013(4).

[72] 森达也.宋元外销瓷的窑口与输出港口[J].考古与文物,2016(6).

[73] 王雨连.提升河北省日用陶瓷品出口竞争力的探讨[J].对外经贸实务,2012(1).

[74] 余张红.17世纪中期—19世纪中期中西陶瓷贸易[D].宁波:宁波大学,2012.

[75] 韩静,刘敏南.软实力视角下陶瓷产业发展环境的建设研究[J].中国陶瓷工业,2011(6).

[76] 陈斌,邹亚平.SA8000对出口陶瓷企业影响的探析[J].中国商贸,2011(35).

[77] 陈莎莉,蔡付斌,韩静.景德镇陶瓷文化创意产业园建设研究[J].黑龙江对外经贸,2011(9).

[78] 赵洁.贸易壁垒对陶瓷产品出口的影响与对策建议[J].中国商贸,2011(11).

[79] 孟原召,鄂杰,翟杨.西沙群岛石屿二号沉船遗址调查简报[J].中国国家博物馆馆刊,2011(11).

[80] 彭明翰.郑和下西洋·新航路开辟·明清景德镇瓷器外销欧美[J].南方文物,2011(3).

[81] 崔勇,黎飞艳,石俊会,等.南澳Ⅰ号明代沉船2007年调查与试掘[J].文物,2011(5).

[82] 邓启江,曾瑾,周春水.福建平潭九梁Ⅰ号沉船遗址水下考古调查简报[J].福建文博,2010(1).

[83] 李其江,吴隽,张茂林,等.出口仿古陶瓷的鉴别模式及出口规范[J].中国陶瓷,2010(11).

[84] 刘海龙.论督陶官唐英的陶务管理方略[D].景德镇:景德镇陶瓷学院,2009.

[85] 陈莎莉,韩静."景德镇瓷器"原产地保护制度的缺陷分析[J].佛山陶瓷,2008(11).

[86] 于淑艳,马彬.我国陶瓷产品出口困境的理性思考[J].中国陶瓷,2008(8).

[87] 福建沿海水下考古调查队.漳浦县沙洲岛沉船遗址水下考古调查[J].福建文博,2008(2).

[88] 刘昌兵.景德镇瓷业城市的形成和历史遗存[J].文物世界,2008(3).

[89] 苏彦.出口退税率降低对陶瓷出口企业的影响及对策[J].商场现代化,2007(33).

[90] 韩静,许剑雄.国外技术性贸易壁垒对我国日用陶瓷出口的影响和对策研究[J].商场现代化,2007(22).

[91] 刘越.曾经沉睡海底的瓷珍——"万历号"和它的"克拉克瓷"[J].紫禁城,2007(4).

[92] 郑四华,孙强.景德镇艺术陶瓷企业在中国—东盟自由贸易区的竞争力培育[J].中国陶瓷,2006(12).

[93] 郑四华,韩静.发展陶瓷生态工业的对策[J].生态经济(学术版),2006(2).

[94] 孙建民.内修外突——陶瓷行业出口遭遇反倾销的对策浅析[J].商场现代化,2006(15).

[95] 郑四华,刘克宁.出口陶瓷产品反倾销预警系统的设计[J].企业经济,2006(1).

[96] 洪卫宁,桂丽珍.《浮梁县志》与景德镇陶瓷研究[J].景德镇陶瓷,2005(2).

[97] 黄弘,饶伟明,陈芙蓉.我国陶瓷出口与反倾销[J].中国陶瓷,2004(4).

[98] 黄勇,吴庆文.建筑陶瓷出口营销预测的马尔柯夫链模型[J].中国陶瓷,2004(4).

[99] 张志成,土裕芳.中国陶瓷业如何正确应对贸易技术壁垒[J].中国陶瓷,2004(3).

[100] 黄弘,刘上坪.我国陶瓷出口现状及发展对策探讨[J].企业经济,2003(10).

[101] 陈文平.宋代对日陶瓷贸易试探[J].上海大学学报(社会科学版),2000(1).

[102] 郭承志.湖南省国有陶瓷企业产品出口有"四难"中国海关,1999(8):30.

[103] 吉西卡·哈蕾特,陆芸.模仿与启示:中国和巴士拉之间的陶瓷贸易[J].海交史研究,1995(1).

[104] 林士民.从明州古港(今宁波)出土文物看景德镇宋元时的陶瓷贸易[J].景德镇陶瓷,1993(4).

[105] 陈西海.1990年全国建筑卫生陶瓷产品进出口贸易顺差达历史最高水平[J].建材工业信息,1991(11).

[106] 三上次男,杨琮.13—14世纪中国陶瓷的贸易圈[J].东南文化,1990(3).

[107] 三上次男,顾一禾.从陶瓷贸易史的角度看南亚东亚地区出土的伊斯兰陶器[J].东南文化,1989(2).

[108] 钱江.十七至十八世纪中国与荷兰的瓷器贸易[J].南洋问题研究,1989(1).

[109] 三上次男,郑国珍.冲绳出土的中世纪中国陶瓷——求证中世纪冲绳与中国陶瓷贸易的接点[J].海交史研究,1988(2).

[110] 三上次男,杨琮.晚唐、五代时期的陶瓷贸易[J].文博,1988(2).

[111] 陈新.谈谈景德镇陶瓷贸易的四种形式[J].景德镇陶瓷,1987(4).

[112] 詹姆斯·瓦特,杨琮,林蔚文.东南亚的中国贸易陶瓷器[J].海交史研究,1987(2).

[113] 徐肇锡.东洋曹达公司巩固陶瓷贸易[J].无机盐工业,1985(4).

[114] 叶文程,丁炯淳.从新安海域打捞的文物看元代我国瓷器的外销[J].海交史研究,1985(8).

[115] 叶文程.宋元时期我国陶瓷器的对外贸易[J].中国社会经济史研究,1984(2).

[116] 施晔,Freerk Heule.阿姆斯特丹邦特瓷与18世纪中国瓷文化的亚欧循环之旅[J].美术研究,2023(3).

[117] 漆峥,高明.西方传教士与海上丝绸之路的清代广彩瓷[J].文化遗产,2023(1).

[118] 胡宸.清末民初景德镇瓷业组织的运作机制与贸易状况[J].景德镇陶瓷,2022(6).

[119] 詹伟鸿,蔡定益.《申报》所见民国景德镇瓷业的三个特征[J].陶瓷科学与艺术,2022(12).

[120] 赵梦霞,张子涵,田毅.民国时期景德镇瓷业的发展及行销范围[J].陶瓷研究,2022(4).

[121] 程仁发.景德镇瓷业生产体系形成时代考[J].中国陶瓷,2021(9).

[122] 李松杰.近代景德镇瓷业改良路径与实践困境[J].江西社会科学,2021(2).

[123] 刘冬媚."南海Ⅰ号"沉船景德镇窑青白瓷研究[J].文博学刊,2020(2).

[124] 李青阳,郑子昂.乾隆时期的官民窑竞市与景德镇瓷业的繁荣[J].美术大观,2019(7).

[125] 金英美.新安沉船:韩国海域里的"中国制造"[J].美成在久,2018(1).

[126] 丁见祥,陈浩,羊泽林.海坛海峡九梁Ⅰ号沉船调查新收获[J].水下考古,2018(0).

[127] 詹伟鸿.江西瓷业公司与清御窑厂关系新发现史料及分析[J].中国陶瓷,2017(11).

[128] 陈冲.沉船所见景德镇明代民窑青花瓷[J].考古与文物,2017(2).

[129] 鲍杰军,汪凌川.从《陶记》看税制对景德镇瓷业发展的影响[J].中国陶瓷,2015(3).

[130] 宋蓬勃,陈浩,羊泽林,等.福建沿海水下考古调查[J].文物,2014(2).

[131] 吴隽,万能,张茂林,等.元代景德镇瓷业兴盛原因初步探究[J].陶瓷学报,2013(3).

[132] 张敏.论浮梁瓷局在元代景德镇瓷业中的地位与作用[J].中国陶瓷,2012(3).

[133] 余欣.论清代广州对景德镇瓷业发展的作用与影响[J].中国陶瓷,2012(1).

[134] 余勐,邬德慧.论官窑对景德镇瓷业发展的贡献[J].中国陶瓷,2004(6).

[135] 赵宏."官搭民烧"考[J].故宫博物院院刊,1996(1).

[136] 江建新.景德镇沽演发现一批新石器时代遗物[J].江西文物,1990(1).

[137] Otte J P W, Priestman S M N. European trade ceramics on the Arabian Peninsula 1800-1960[J]. Arabian Archaeology and Epigraphy,2022(1).

[138] Badreshany K, Sowada K, Ownby M, et. al. The characterisation of ceramic production from the central Levant and Egyptian trade in the Pyramid Age[J]. Journal of Archaeological Science: reports, 2022.

[139] Fornacelli C, Volpi V, Ponta E, et al. Grouping ceramic variability with pXRF for pottery trade and trends in early Medieval Southern Tuscany. Preliminary results from the Vetricella Case Study (Grosseto, Italy)[J]. Applied Sciences, 2021(24).

[140] Tait N, Insoll T. Local ceramics from the Islamic trade center of Harlaa, eastern Ethiopia: markers of chronology and contacts [J]. African Archaeological Review, 2021(3).

[141] Tai Y S, Daly P, Mckinnon E E, et al. The impact of Ming and Qing dynasty maritime bans on trade ceramics recovered from coastal settlements in northern Sumatra, Indonesia[J]. Archaeological Research in Asia, 2020.

[142] Zrałka J, Helmke C, Hermes B, et al. Political alliances and trade connections observed in the ceramic record of the classic period: the perspective from the Maya site of Nakum, Guatemala [J]. Ancient Mesoamerica, 2020(3).

[143] Haggarty G R. A ceramic trade from Scotland to Livorno in the later 18th century. [J]. A Ceramic Trade From Scotland to Livorno in the Later 18th Century, 2015.

[144] Miyata E. Portuguese intervention in the Manila Galleon trade: the

structure and networks of trade between Asia and America in the 16th and 17th centuries as revealed by Chinese Ceramics and Spanish archives [J]. Portuguese Intervention in the Manila Galleon Trade,2017.

[145] Witkowski T H. Early history and distribution of trade ceramics in Southeast Asia[J]. Journal of Historical Research in Marketing,2016(2).

[146] Zhao B. Chinese-style ceramics in East Africa from the 9th to 16th century:a case of changing value and symbols in the multi-partner global trade[J]. Afriques. Débats,méthodes et terrains d'histoire ,2015(6).

[147] Cecil L G. Ceramic Production in early hispanic California: Craft, economy and trade on the Frontier of New Spain[J]. JSTOR,2015.

[148] Webster G. Pottery and early commerce: characterization and trade in Roman and later ceramics[J]. Taylor and Francis,1977.

[149] Grave P,Kealhofer L,Marsh B,et al. Ceramics,trade,provenience and geology:Cyprus in the late Bronze Age[J]. Antiquity,2014(342).

[150] Tenconi M, Maritan L, Leonardi G, et al. Ceramic production and distribution in North-East Italy: study of a possible trade network between Friuli Venezia Giulia and Veneto regions during the final Bronze Age and early Iron Age through analysis of peculiar "flared rim and flat lip" pottery[J]. Applied Clay Science,2013.

[151] Mills P. The Ancient Mediterranean trade in ceramic building materials:a case study in Carthage and Beirut[M]. Oxford:Archaeopress Publishing Ltd,2013.

[152] Woodfill B K S, Andrieu C. Tikal's early classic domination of the great western trade route:ceramic,lithic and iconographic evidence[J]. Ancient Mesoamerica,2012(2).

[153] Parker A J. Hispania and the Roman Mediterranean AD 100-700. Ceramics and Trade-By Paul Reynolds [J]. International Journal of Nautical Archaeology,2012(2).

[154] ZHAO B. Global trade and Swahili cosmopolitan material culture: Chinese-Style ceramic shards from Sanje ya Kati and Songo Mnara (Kilwa,Tanzania)[J]. Journal of World History,2012(1).

[155] Carreras C. Hispania and the Roman Mediterranean AD 100-700: ceramics and trade[J]. Mediterranean Historical Review,2011(2).

[156] McSweeney A. The Tin trade and medieval ceramics: tracing the sources of tin and its Influence on editerranean ceramics production[J]. Al-Masaq,2011(3).

[157] Slane K W. Hispania and the Roman Mediterranean AD 100-700: Ceramics and Trade[J]. Journal of Late Antiquity,2011(1).

[158] Reynolds P. Hispania and the Roman Mediterranean, AD 100-700 ceramics and trade[J]. (No Title),2010.

[159] Richards R. Ceramic imitation arm rings for indigenous trade in the Solomon Islands 1880 to 1920 [J]. Records of the Auckland Museum,2010.

[160] Stern B, Connan J, Blakelock E, et al. From Susa to Anuradhapura: reconstructing Aspects of trade and exchange in Bitumen-Coated ceramic vessels between Iran and Sri Lanka from the Third to the Ninth Centuries AD[J]. Archaeometry,2008(3).

[161] Seyock B. Trade ceramics from the Gotō Islands (Japan),circa sixteenth to early seventeenth century: the Yamami Underwater Site(Ojika) and related issues[J]. Asian Perspectives,2007(2).

[162] Maggetti M. The Alps-a barrier or a passage for ceramic trade? [J]. Archaeometry,2005(2).

[163] Rougeulle A. The Sharma horizon: sgraffiato wares and other glazed ceramics of the Indian Ocean trade (c. AD 980-1140)[C]//Proceedings of the Seminar for Arabian Studies. Archaeopress,2005.

[164] Martínez-Zarzoso I, García-Menéndez L, Suárez-Burguet C. Impact of transport costs on international trade: the case of Spanish ceramic exports

[J]. Maritime Economics & Logistics,2003.

[165] Ruark R. "Fair Trade" and the demise of American ceramics[J]. Ceramic Industry,2003(8).

[166] Harrisson B. The ceramic trade across the South China Sea c. AD 1350-1650[J]. Journal of the Malaysian Branch of the Royal Asiatic Society,2003(284).

[167] Perttula T K, Hawley T F, FScott F W. Caddo trade ceramics[J]. Southeastern Archaeology,2001.

[168] Nguyen-Long K. Vietnamese ceramic trade to the Philippines in the seventeenth century[J]. Journal of Southeast Asian Studies,1999(1).

[169] Reynolds P. Trade in the Western Mediterranean, AD 400-700: the ceramic evidence[J]. (No Title),1995.

[170] Gilpin-Hays K A. Commercialization before capitalists: hopi ceramic production and trade in the fourteenth century[J]. Journal of the Southwest,1996.

[171] Long S K. The trade ceramics industry in Southern Fukien during the Song[J]. Journal of Song-Yuan Studies,1994(24).

[172] Skowronek R K. Empire and ceramics: the changing role of illicit trade in Spanish America[J]. Historical Archaeology,1992.

[173] Hansman J. Julfār, An Arabian port: its settlement and far eastern ceramic trade from the 14th to the 18th centuries[M]. Hove: Psychology Press,1985.

[174] Agnew A B. Ceramics and the sea trade in Portsmouth, New Hampshire: 1765-1785[J]. Northeast Historical Archaeology,1988(1).

[175] Martin J. A ceramic legacy of Asia's maritime trade on Tioman Island[J]. Journal of the Malaysian Branch of the Royal Asiatic Society,1985(248).

[176] Li P. Targeted production and altered functions: Chinese ceramics exported to Southeast Asia during the Five Dynasties and Northern Song period (AD 907-1127)[J]. Asian Archaeology,2022(1).

[177] Raharja S J, Rivani R. Effects of information and communication technology adoption and innovation capability on export performance: study of Purwakarta ceramic industry in Indonesia[J]. International Journal of Trade and Global Markets,2022(1).

[178] Han J. The Problems and countermeasures of China's ceramic products exporting to central Asia market[C]//Institute of Management Science and Industrial Engineering. Proceedings of 2019 9th International Conference on Information and Social Science (ICISS 2019). Francis Academic Press,2019.

[179] Silvente F R. Price discrimination and market power in export markets: the case of the ceramic tile industry[J]. Journal of Applied Economics, 2005(2).

[180] Liu H. Jingdezhen export ceramic colored drawing sculptures in Ming and Qing dynasties[C]//International Conference on Education, Language, Art and Intercultural Communication (ICELAIC-14). Atlantis Press,2014.

[181] Flor M, Oltra M J. The influence of firms' technological capabilities on export performance in supplier-dominated industries: the case of ceramic tiles firms[J]. R&D Management,2005(3).

[182] Forejt F. Questions of the export of ceramic tiles and prospects of developing their production in Czechoslovakia[J]. Glass and Ceramics, 1966(9).

[183] Sheaf C, Kilburn R. The Hatcher porcelain cargoes: the complete record[M]. Oxford: Phaidon, Christie's Limited Press,1988.

[184] Pierson S, Crick M. Sunken treasure: fifteenth century Chinese ceramics from the Lena Cargo[M]. London: Periplus Publishing Limited,2000.

后　　记

在本书付梓前,习近平总书记时隔四年再次来到江西考察,并首次亲临景德镇,大大增强了景德镇以高质量发展助推国家陶瓷文化传承创新试验区建设的决心和信心。总书记在景德镇考察时,特别强调"陶瓷是中华瑰宝,是中华文明的重要名片,要集聚各方面人才,加强创意设计和研发创新,进一步把陶瓷产业做大做强,把'千年瓷都'这张靓丽的名片擦得更亮"。

做大做强陶瓷产业,就要深刻认识到贸易在产业发展中的重要角色、重要地位和重要分量,认识到补齐贸易短板是推动景德镇陶瓷产业高质量发展的重大举措,也是实现国家创新试验区奋斗目标的必然要求。做大做强陶瓷产业,就要聚焦陶瓷经济,加快打造高能级产业链条、高水准陶瓷贸易平台、高效能陶瓷会展经济、高机能陶瓷数字生态,推动陶瓷贸易向规模化、国际化、品牌化、数字化方向转变。做大做强陶瓷产业,就要完善立体交通网络,大力发展现代化多式联运,打造物流中转枢纽,建设海外仓,加快构建衔接产销、贯通城乡、联通内外的物流体系。做大做强陶瓷产业,就要继续优化营商环境,落实惠企纾困政策,推行包容审慎监管,加快完善要素保障。由此可见,做大做强陶瓷产业,是一项系统工程、长效工程,涉及政府、企业乃至社会各领域、各方面。

本书的撰写,一是期望对景德镇陶瓷贸易研究的推进有所助益,进而能对景德镇贸易立市的战略目标实施有所启迪;二是抛砖引玉,以期引起学者们对景德镇陶瓷贸易发展有更多的关注与进一步之重视。在本书的研究过程中,我们查阅了大量国内外的相关著作、古籍文献,在此特向这些著作的原作者及资料的提供者表示衷心的感谢!在后期统稿过程中,景德镇陶瓷大学管理与经济学院的研究生谭慧芳和董新月、华中科技大学出版社的王雅琪女士均做了大量细致而烦琐的工作,在此一并感谢。

虽然在成书过程,本人耗费巨大心血,但陶瓷贸易研究,特别是景德镇陶瓷贸易的现状与对策研究仍是一个具有挑战性的课题。本书不论在理论创新、资料收集，还是在实证数据处理方面都有待完善，希望各位同仁不吝赐教，予以指正。同时，也希望通过专家论证来丰富本书的研究内容，对景德镇贸易兴市建设具有更多的指导意义。

真诚地欢迎各方专家对本书提出宝贵意见。

韩静

2023 年 10 月